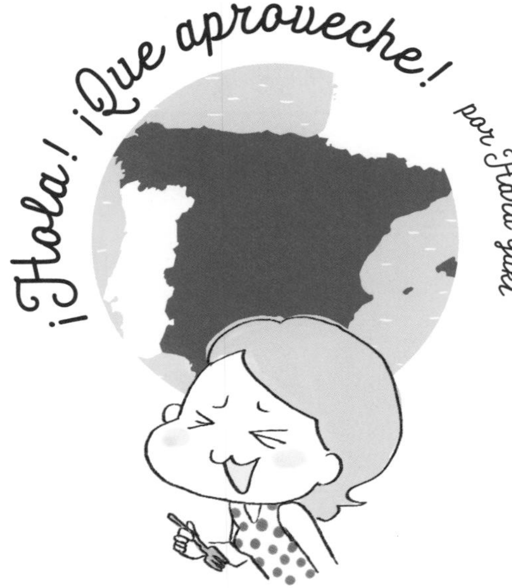
¡Hola! ¡Que aproveche!
por Hara Yuki

オラ！スペイン旅ごはん

ハラユキ

イースト・プレス

はじめに　スペインってどんな国？

はじめまして
ハラユキです
2017年の
6月から
約2年間
スペインの
バルセロナに
住んで
いました
食いしん坊
&お風呂
屋さん
大好き
人間
です
夫↓
息子
8歳↓
さて
スペイン
生ハム
オリーブオイル
パエリア
闘牛
サグラダ・ファミリア
バルごはん
フラメンコ
サングリア
ペネロペ・クルス
サッカー
ハビエル・フェルナンデス
一般的な
イメージは
こんなかんじで
しょうか？

実は私 昔から
スペインとは
不思議な
縁がありまして
出産前に
フラメンコ
習ってた
新婚旅行
が
スペインだった
大昔
スペイン
大使館の
「ドン・キホーテ」
リレー朗読会
で朗読した
ことがある
そして
なぜか夫が
バルセロナで
働くことに
そんな浅からぬ縁のスペインに実際行って住んでみてわかったことは…
スペインって
イメージよりさらに
深い!!
あのイメージも
大正解
だけど
ってこと
でした
スペインの
深さその①
みどころが
ありすぎ
有名世界遺産も
山ほどあるのに
オシャレ現代建築
もたくさん!!
ビルバオの
グッゲンハイム美術館
セビーリャのメトロポールパラソル
バレンシアの
芸術
科学都市

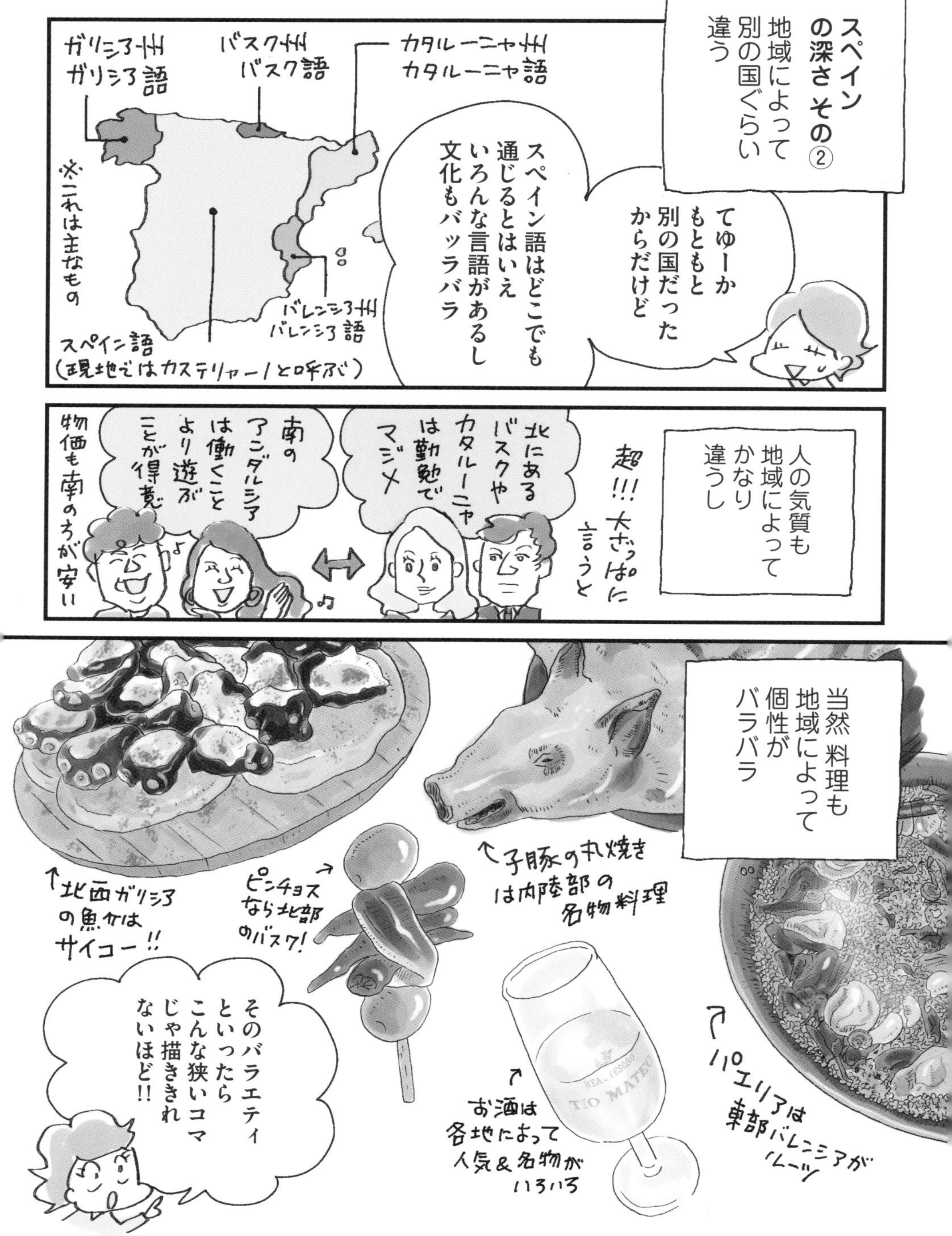
スペインの深さ その② 地域によって別の国ぐらい違う
てゆーか もともと別の国だったからだけど
スペイン語はどこでも通じるとはいえいろんな言語があるし文化もバッラバラ
カタルーニャ州 カタルーニャ語
バスク州 バスク語
ガリシア州 ガリシア語
※これは主なもの
バレンシア州 バレンシア語
スペイン語（現地ではカステリャーノと呼ぶ）
人の気質も地域によってかなり違うし
超!!! 大ざっぱに言うと
北にあるバスクやカタルーニャは勤勉でマジメ
南のアンダルシアは働くことより遊ぶことが得意
物価も南の方が安い
当然 料理も地域によって個性がバラバラ
↑子豚の丸焼きは内陸部の名物料理
ピンチョスなら北部のバスク!
↑北西ガリシアの魚介はサイコー!!
そのバラエティといったらこんな狭いコマじゃ描ききれないほど!!
REAL TESORO
TIO MATEO
お酒は各地によって人気&名物がいろいろ
パエリアは東部バレンシアがムーッ

スペインの深さ その③
店の種類も値段も幅広い
たとえば1人でも楽しめる気軽でチープなバルから…
オラー
立ち呑み大好き!
店を選べば安い店でもちゃんとおいしい!!
星付きのガストロノミーワールドまで…
毎年「世界のベストレストラン」の10位以内にスペインは数店ランクインするほど!!
芸術～!!
「エル・ブジ」のフェラン・アドリアなど世界的有名シェフもたくさん輩出
スペインの深さ その④
食材豊富
日本と同じく魚介を愛する民族でもあるよ
日本であまり見ない食材もいろいろ
ああっ食いしん坊としては描いてるだけでよだれが…
てなわけで私がスペイン生活で見つけたお気に入りの中から…
観光客でも行きやすいお店と楽しみ方を紹介しまーす!
Vamos!
バモス…スペイン語で「Let's go!」的な意味

オラ！スペイン旅ごはん　もくじ

Indice

¡Hola! ¡Que aproveche!

スペインMAP

スペイン旅行の基礎知識

時差

−8時間

（サマータイムは **−7**時間
3月最終日曜から
10月最終日曜まで）

ただし2021年からサマータイム制
廃止の可能性アリ

水

水質がよくて飲めると
言われるのは首都マドリッド
（意外！）やサン・セバスチャンなど。
でも旅行中はミネラル
ウォーターが安心かも…

バルセロナの
水はいまいち…

通貨とチップ

ユーロ（€）

1ユーロ＝120円（2020年6月現在）
ほぼどこでもカードは使える。
チップは義務ではないけど、よほど
サービスのひどい店以外では多少渡す方がベター。
カードで払う場合はチップは別で現金で。

気楽な
カフェ＆
バル
↓
おつりの小銭
または全員で1€くらい

レストラン
↓
税額の
5%くらい

治安

バルセロナやマドリッド
のような大都市や観光地の
近くはスリが多発。要注意！

スマホも狙われるよ

言語

¡Hola!

スペイン語

地域によっては他にも公用語アリ。
でも大都市や人気観光地では
かなり英語が通じるのでいっそ英語
でまず話してみるのもアリ。
でもあいさつはぜひスペイン語で！

こんにちは → オラ！

アディオス！ ← さようなら

必要アイテム

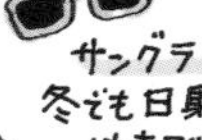

サングラス
冬でも日射し
はまぶしい

日焼け
止め

朝と夜の気温差
激しいので
1枚上に
はおるもの

1.

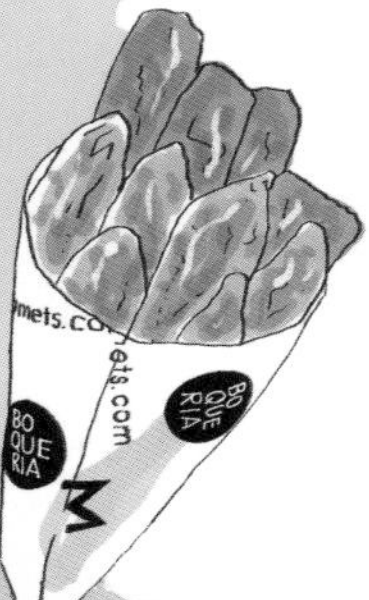

Cataluña

カタルーニャ州

主な公用語：スペイン語、カタルーニャ語

州都・バルセロナはスペイン随一の人気観光地。
ガウディ建築はもちろん、ダリやミロの美術館めぐりや
ショッピングも楽しい。

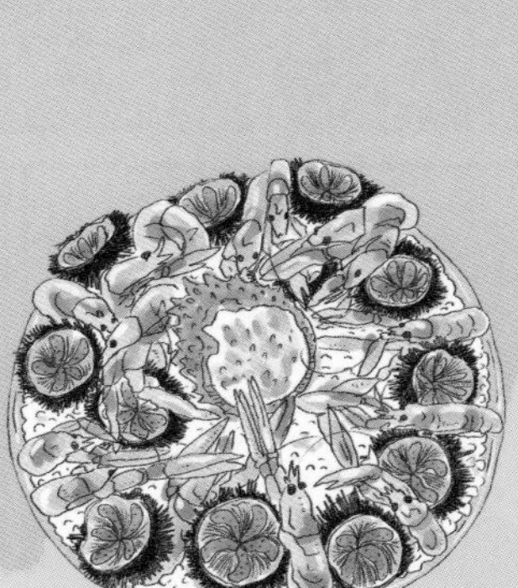

バルセロナ①
ビーチで味わうシーフード

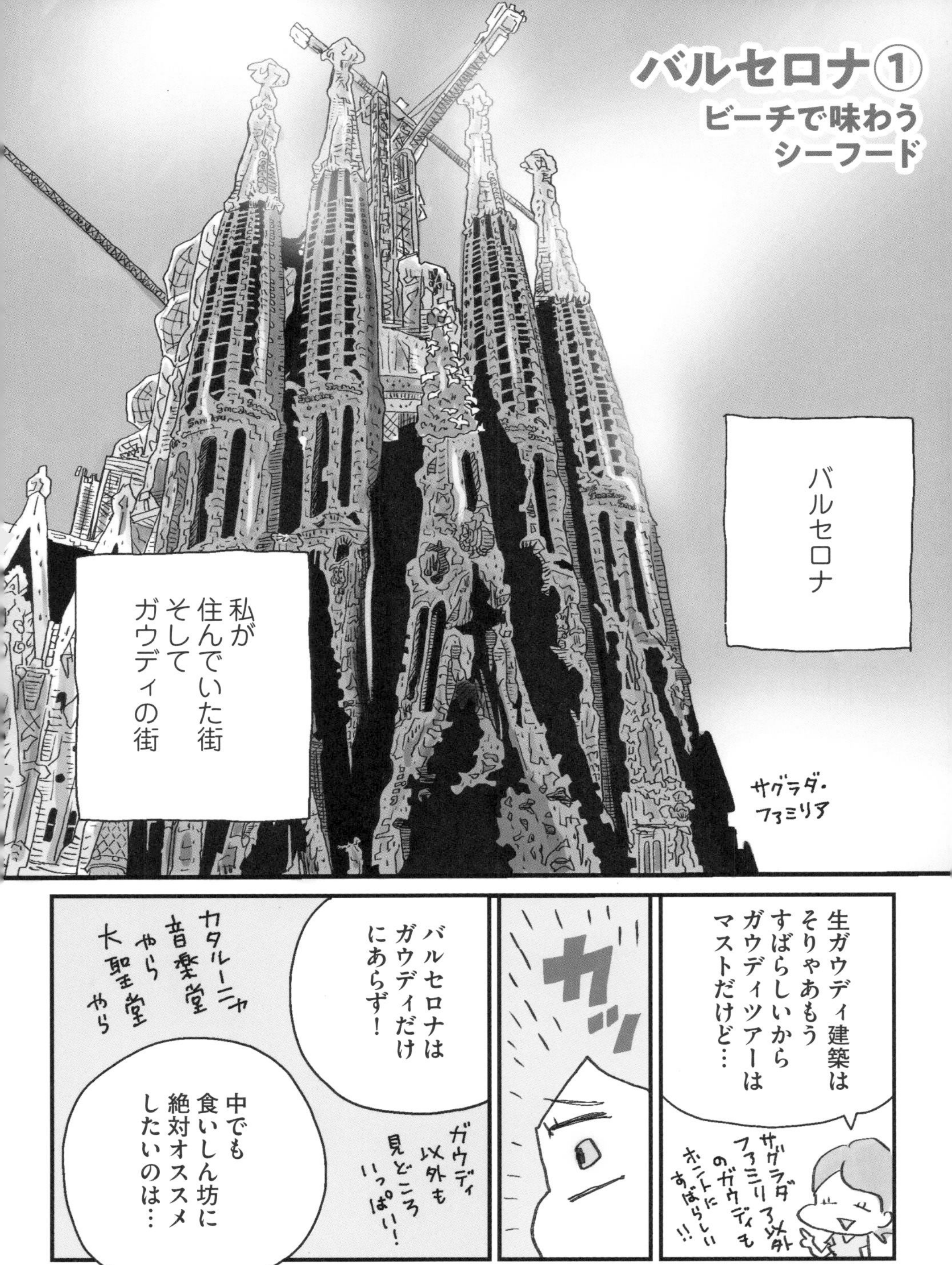

バルセロナ
私が住んでいた街そしてガウディの街
サグラダ・ファミリア
生ガウディ建築はそりゃあもうすばらしいからガウディツアーはマストだけど…
サグラダファミリア以外のガウディもホントにすばらしい!!
カッ
バルセロナはガウディだけにあらず!
ガウディ以外も見どころいっぱい!
カタルーニャ音楽堂やら大聖堂やら
中でも食いしん坊に絶対オススメしたいのは…

街の中心から歩いていけちゃうバルセロネータビーチ
そうビーチで優雅にシーフード！
たとえば日本から妹たちが旅行で来たときは
妹①
めいっこ
おいっこ
妹②
息子ぼっちゃん
今日は午前中モンジュイックの丘を観光してから海に移動するルートでいくよー
ハラユキツアー
スリには気をつけてね〜
ハーイ
ぞろぞろ
私のお気に入りのこのコースでランチへ
BARCŒLONA MAP
バルセロネータビーチ
ランチの店
モンジュイックの丘

「モンジュイックの丘」はバルセロナオリンピックでメイン会場だった場所で
メインスタジアム無料で入れるんだよ
ここのカフェもおもしろいよ
Bun venit
Velkommen
どこもかしこも絵になる風景のうえ
かっこいいー
高台なので眺めも最高
ミロ美術館にもよって
さらにモンジュイックには港に向かうロープウェイがあり
お腹すいてきたー
OK
これで一気に海に行けちゃうのです!!
わ!すっごい眺め!!
サグラダ・ファミリアも見える!

ロープウェイを
おりたら
もうそこは
すぐビーチ
都会なのに
ビーチもある
っていいねー
キレー!!
おめあての
レストランも
歩いて10分の
距離…
あれ
そこの
おじいさん…
※このとき3月
ぜ
全裸!?
ちんこー
きゃはー!!
!!
ここヌーディスト
ビーチじゃないけど
裸の人ちょこちょこ
見かけるんだよね
トップレス
おねーちゃんから
おじーさん
おばーさん
まで幅たんく
ビーチ散歩を
楽しみつつ
到着したのは
わー
あっちは
トレーニング中
マッチョ
軍団!!
シーフード
ビーチレストラン
「PEZ VELA」
上はホテル
でビーチが
目の前!
PEZ VELA
ビーチ沿いの
店は早め
予約がベター!!
今回はネットで
予約したよ
ちなみにスペインの
ごはんタイムは
日本より遅くて
ランチ14時～
ディナー20時～
が一般的

オシャレな店だね〜
ウェイティングスペース
店員さんもかっこいい人多い!!
レストランの基本ルールとしては
「Hi!」みたいなかんじの超定番スペイン語
オラ!
¡Hola!
①まずはあいさつ
予約してるYUKiです
オラ!!
②予約名を告げる予約してない人は人数を知らせる
③注文とお会計は座席で
そんなに日本と変わりません
ビーチ沿いはテラス席オススメだけどこの日は店内でした
さて海を前に酒を呑まないわけがない
この日はまずカバで乾杯!
Cava
サルー!!
乾杯
カバとはスパークリングワインのこと
バルセロナのあるカタルーニャ州の名産として有名

くーーっ
ああやっぱり海をみながら呑む一杯は最高…!!
カバスッキリしてておいしいね!
ちなみに夏だったらジントニックもオススメ
え 意外!
私も最初びっくりしたんだけどバルセロナでジントニックってすごく人気あってて
Gin Tonic
でも一口呑んだらその理由がわかって
おいし!!!
小さいバルでもだいたいある
夏のバルセロナの気候にむっちゃあう!! こりゃ人気でるわけだ!!
以来お気に入り
そしてさっそくいただきます!! まずはカタルーニャの名物定番
Pan con tomate
パン・コン・トマテ
どのバルでもレストランでも必ずある!
↑パンとトマトの意味
これどーやって食べるの?
オレが教える!!
スペイン料理の中でこれいちばん好きな人↓
ここ

パン・コン・トマテの食べ方
にんにくすりこむ
オリーブオイル
塩
トマトは押しつけてつぶすようにぬる
店によって完成版が出てきたり自分で作ったりいろいろ
全部好きな量で!
料理の一品というよりつけあわせのパンってかんじの位置づけ
へー
カンタンなのにおいしい
家でやってみよ
おかわり!!
はやっ
子どもも食べやすい!!味なの
そして魚介タパスをいろいろ注文
ベルベレチョ貝の炭火焼き
Berberechos
タコのガリシア風
Pulpo a la gallega
小魚のフライ
Pescadito frito
MARCHANDO!
OTRA RONDA!

ベルベレチョ？
貝の名前？
うん バルセロナでは
すごくメジャーなザル貝
そう バルセロナ
は多種多様な
貝を味わえる街
たとえば
マテ貝
Navajas
見た目グロいけどうまい!!
アサリも
よく食べるけど
せっかくだから
珍しいものは
ぜひ試して
ほしい!!
バルセロナ
の貝は
おいしいよ
わっ
この貝
おいしー!!
うまみが
すごくある
名前
メモして
帰ろっと
でしょでしょ
私も大好き
止まらない
よね
こっちの
タコもローズ
マリーがきいてて
おしゃれな味！
おいし～～～
フライも
サクサク
子魚は子どもら
食べまくり
トイレに行く
途中でキッチンが
見えたよー
あれいいでしょ！
私もこの店の
キッチン好きで
この店の奥には
オープンキッチン
があり調理姿が
よーく見える
パエリアずらり！
何度通っても
楽しい～！

というわけで
もちろん
パエリアも注文
2種頼んだうちのひとつ
ホタルイカとアーティチョーク入りイカ墨のパエリア
Paella (Arroz negro de chipirón de playa y alcachofas)
お米にぎっしり うまみが つまってる～
うま～
ほんとだ いい味!!
でも思ってたより パエリアの見た目は 地味なような…
確かに日本のパエリアの方が具が上にたくさんのっててハデかもね! これってパスタも本場イタリアの方がシンプルで地味なのと似てるかも
あはは
でも味はおいしいでしょ

あホタルイカ！スペインでも食べるんだ!!
でしょ 私も最初驚いた
ホタルイカの産地富山生まれの我ら姉妹としては特にね
ホタルイカはよくフリットなんかで使われるスペインメジャー食材なの
パエリアにホタルイカが入ってるって面白い！
Chipirōn
ホタルイカではなく小イカを指すことも
こんなかんじで海を見つつおしゃべりしつつシーフードをゆっくり味わう
あれメニューに「ナマコパエリア」なんてのもあった
わー気になるけど頼むの勇気いるね!!
食べたら海で遊ぼー!!
ここ遊具もあるよ!!
これはバルセロナの至福のひとつだと思うのです
ちなみに一人旅とか節約旅にオススメなのが海に近い店のテイクアウトランチです
「Bo de B」のボリューミーサンド
「Buenas Migas」のフォカッチャ
どっちもシーフードじゃないけどでもうまし！笑
わは〜
缶ビールといっしょに！これまたバルセロナの幸せ♡
ビーチのレストランはそれなりのお値段なので…

バルセロナ②
立ち呑みバルの体育会ステーキ

バル
それは
喫茶店 定食屋
居酒屋の全てを兼ねた
スペイン飲食店の
ドメジャースタイル
そして
バルといえば
立ち呑み
はしご酒！
なんて
イメージの人は
多いのでは
ないでしょうか？
はしご酒
大好き♡
かくいう私も
それを
ワクワク
楽しみにして
たのですが…
実際に
バルセロナに
住んでみたら…
あれ？
あれ？

思ってたより
立ち呑みの店
少ないような
……？
？
バルセロナ歴
長い
日本人
じつはスペインで
立ち呑み
はしご酒文化が
盛んなのって
バスクとか
マドリッドで…
バルセロナの
人たちは
どっちかと
いうと
ひとつの
店で
腰を
すえて
じっくりと
へえ!!
カタルーニャ人は
ケチ…もとい！
堅実だから
という説も
とはいえ
バルセロナにも
はしご酒を
楽しめる
通りもちゃんと
あるよ
CARRER
DE
BLAI
SEGLE XVI
ARQUITECTE
はしご酒好きは
ブライ（BLAI）
通りに行って
みるべし！
さてそんな
バルセロナで
私のお気に入り
バルのひとつが
ここです
海の近くの
老舗バル
「エル・バソ・デ・オロ」!!
el Vaso de
el Vaso
de oro
「金のグラス」の意味

観光客も多い有名人気店なのでしょっちゅう立ち呑み状態になっている
いちおうイスもある
あちゃーまた混んでる
でも今日はひとりだからあきらめずに入っちゃうもんね！
混むのは14時〜16時と20時〜くらいな気がする
おっあそこにスペースありそう
ペルドーン！
→すいませんの意味
通して〜
バルでもまずは店の人にあいさつ
オッラー
オラー！
混み合う店ではあいさつは存在アピールでもある
ウナセルベッサポルファボール!!
→「ビール一杯お願いします」
さてこのバルのここがいいぜその①
ウナセルベッサ！バレ!!
↑「OK！」の意味
ビシッ☆
なにげなく歌っている
店のおっちゃんたちが明るくてフレンドリー
これこれ!!
ここのおっちゃんたちのノリ大好き!!
そろいの制服もかわい〜

このバルのここがいいぜその②
ビールがうまい
かーっ
じつは自家製地ビールを出してる店だったりするのです
地ビールだけどクセなく呑みやすー!
Cerveza
実はスペイン人はかなりビールも呑みます
さーておなかペコペコ〜
今日は何を食べよっかなっと
英語メニューもあるよ
ちなみにスペイン語での一番カンタンな注文方法はコレ
エスト
→「これ」の意味
メニュー指差して
エスト
カウンターの食材を指差して
最後に
ポルファボール
→「お願いします」プリーズ的に使う
さてこの日私が注文したのは…

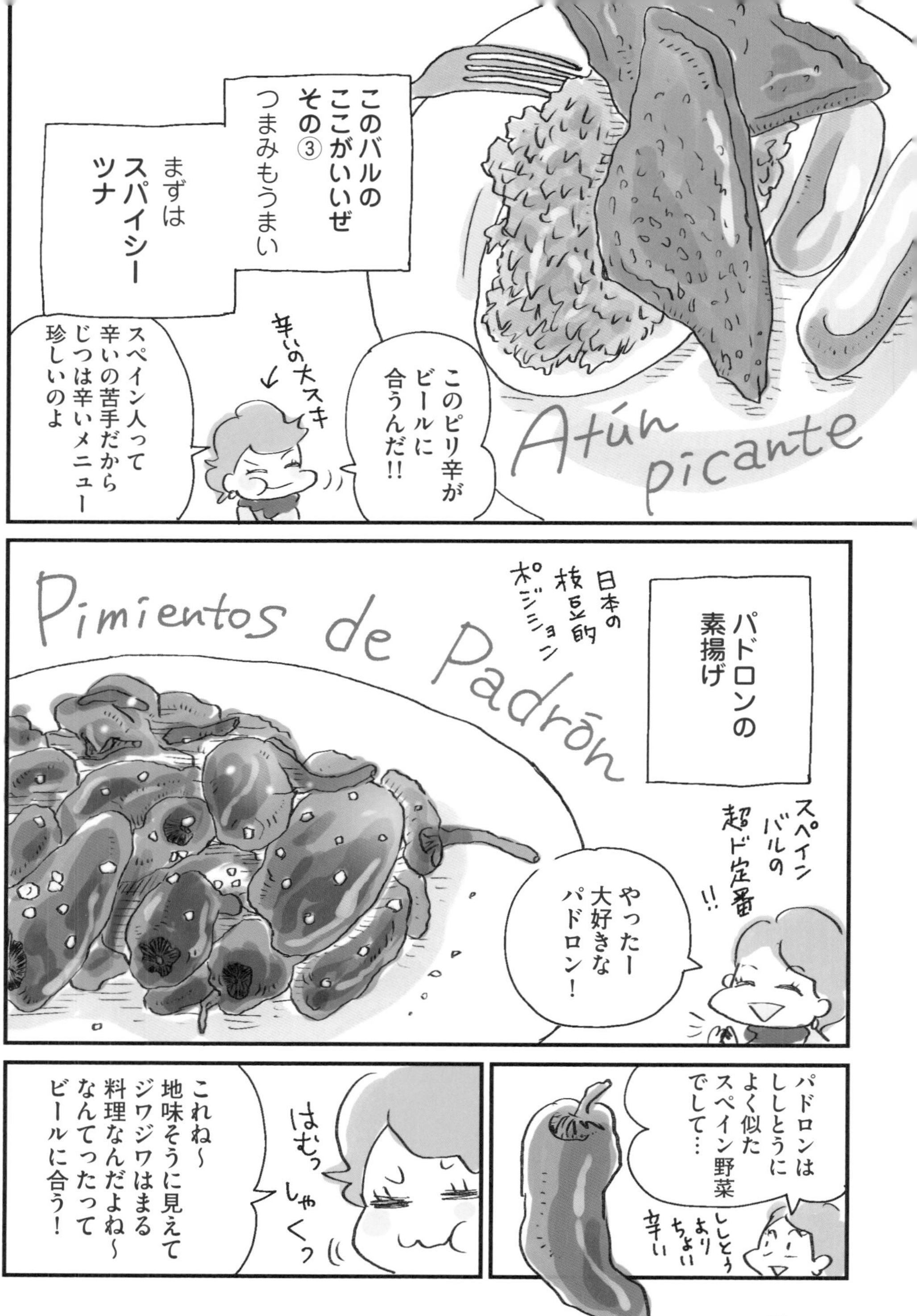
このバルのここがいいぜ その③ つまみもうまい
まずはスパイシーツナ
Atún picante
このピリ辛がビールに合うんだ!!
辛いの大スキ
スペイン人って辛いの苦手だからじつは辛いメニュー珍しいのよ
パドロンの素揚げ
日本の枝豆的ポジション
Pimientos de Padrón
スペインバルの超ド定番!!
やったー大好きなパドロン!
パドロンはししとうによく似たスペイン野菜でして…
ししとうよりちょい辛い
はむっ
しゃくっ
これね〜地味そうに見えてジワジワはまる料理なんだよね〜なんてったってビールに合う!

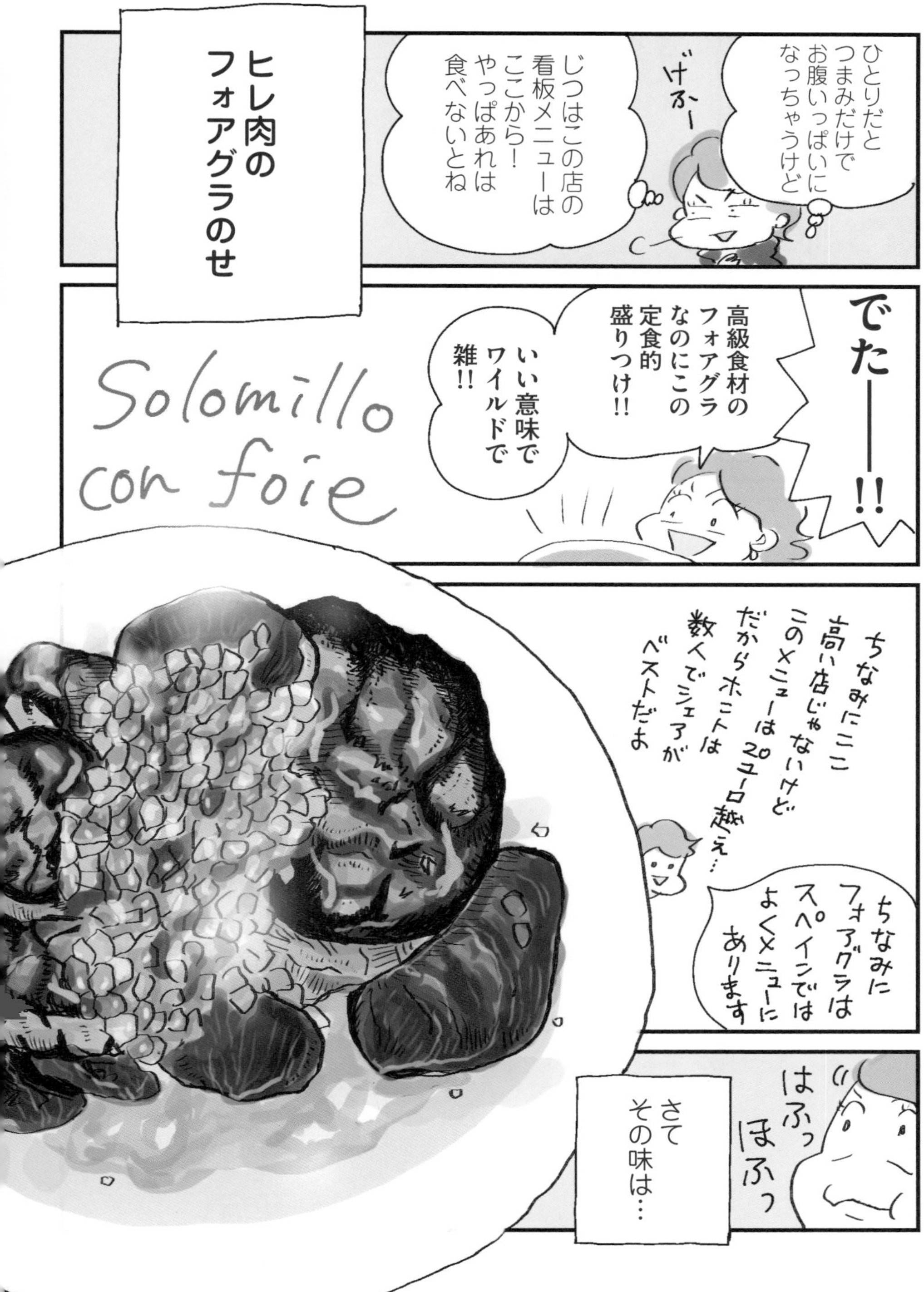
ひとりだと つまみだけで お腹いっぱいに なっちゃうけど
げふー
じつはこの店の 看板メニューは ここから！ やっぱあれは 食べないとね
ヒレ肉の フォアグラのせ
でたーー!!
高級食材の フォアグラ なのにこの 定食的 盛りつけ!!
いい意味で ワイルドで 雑!!
Solomillo con foie
ちなみにここ 高い店じゃないけど このメニューは20ユーロ越え… だからホントは 数人でシェアが ベストだよ
ちなみに フォアグラは スペインでは よくメニューに あります
はふっ ほふっ
さて その味は…

やっぱり これ好き！ うっま〜!!
あああ 私の中の体育会 マッチョ男子が 万歳三唱をはじめたよ!!
バンザーイ
バンザーイ
体育会
つまり 白ごはんが絶対に合う系 こってり味つけ！ これ日本人好みだよ〜
日本人？
スペイン語→
そうです
この店が大好きで 今日ははじめて ひとりで来まして
それはいいね!! オレたちも この店が 大好きなんだよ
えへー
この親父さん なんて30年くらい この店に 通ってるんだよ
しかも ほぼ毎日 同じ時間
ペコ
どーも
30年!!
固い常連客 ついてるな——!!
バルひとり 立ち呑みのよさは 他のお客さんと 話すチャンスが できやすいこと
イラストレーター なの？ えー オレ 描いてよ！
いいっすよ 描きます 描きます
おしゃべりこそ バルの醍醐味《だいごみ》だと 私は思うのです

えー
ありがと!!
一杯呑んで!!
わーーい
結局何人かに何杯かおごってもらった
ふだんは子どももいるし夫は多忙だし夜はほぼほぼ家にいて
この日ははじめてのバルセロナひとり呑みで
帰ってからもうれしすぎてなかなか寝つけなかった
じーん
やっぱひとり呑みっていい…
しかも私のドヘタクソスペイン語が呑み屋ではいつもよりしゃべれる不思議…
長年の呑みの経験値ゆえか!?
ちなみにこの店すいてる時なら子連れでも行けます
奥にテーブル席アリ ただし数席のみ
やっぱあの店は私にとっては「元気になるバル」だなーー
むにゃ〜
「バルで立ち呑み」ぜひスペインでお試しあれ!

市場！市場！市場！
食いしん坊がスペインで市場に行かずにどこへ行く!!
バルセロナ③
ボケリア市場でつまみ食い散歩
そうスペインにはあちこちに市場があり
プロの料理人はもちろん
100 anys
5a GENERACIÓ
一般の人もスーパーのように気軽に利用する

私ももちろん
市場大好き!!
市場散歩は
アドレナリン
出まくるよね
I♡ MERCADO
スペイン語で
市場は
メルカド
だよ
でも
我が家の
場合
息子が
こんな
タイプ
なので
いやー
市場って
生ハムと
チーズが
くさすぎ~!!
いーかげん
なれてよ
~!
息子が
学校に
行ってる間が
市場タイム
でした
月イチで友人と
市場新規開拓も
してたよ
るん
さてバルセロナで
市場といえばここ
数百年の歴史を誇る
「サン・
ジョセップ
市場」!
St JOSEP
LA BOQUERIA
WWW CAFESVITORIA.COM
MUCHAS GRACIAS
「ボケリア市場」
の愛称で
知られてます
個人的オススメは
火曜から土曜の
午前中
他の市場
もいっしょ
なぜなら
市場は
やってても
魚屋さんなどの関係で
営業してない
ことが多い
から
つまり
食いしん坊なら
シーフード
レストランに
行くのも
ベストは火~土
ってことです!
スリにも
要注意
ボケリア市場は
観光客にも
大人気でいつも
混んでるからね
食べ物に
つられて
油断しない!

市場に一歩入ればそこは
MAZAPAN
SANDIAS
€
食材の色の洪水!!
バルセロナの他の市場は食材メインだけどここのボケリア市場は全然違う品ぞろえなんだよね
観光地化してるからこそテイクアウトフードがいろいろで楽しい!
ちなみにフルーツジュースはいろんな店で売ってるけど
暑くてのどが渇いてても入口すぐの店で買うと高いので要注意!
奥に安い店もあるから値段を比べてみてね
一度うっかり買った人
スペイン名物冷製トマトスープのガスパチョもあるよ
Gazpacho
夏にヒエヒエの飲むの最高にうまし!

ぶらぶら見物しつつ つまみつつ 飲みつつ
特に生ハム系はお土産として海外に持ち帰ることが禁止されてるのでぜひ現地で！
Jamón
ハモン（生ハム）
白カビで熟成させた腸詰めの「フエ」はカタルーニャの特産なのでオススメ！味わい深いよ〜！
Fuet
BOQUERIA
BOQUERIA
BOQUERIA
魚コーナーから食材ぶらぶら見物開始
プリプリのあんこう!!
バカラオ!!（干しダラ）
モンゴウイカ!!

どれもスペインではよ〜く食べる魚介だよ

肉コーナーは迫力の世界
牛タン!!まるごと
いろんな内臓〜!!
ひー
何度見ても慣れないウサギ丸ごと!
絵は自主規制とさせていただきます
はー
肉売り場に来るとスペインが肉王国だということを実感するよね
スーパーにも脳みそ売ってたり…これもけっこう強烈…!
その他八百屋や卵屋
スパイスショップなど店舗数は100軒以上!
オラー
オラー

もちろん市場内には飲食店も充実
せっかくだし一杯!今日は食いしん坊友だちがすすめてたこの店入ってみよ
BOQUERIA
まずはビール♡
そんな「バル ボケリア」で頼んだのは
チャングーロガニのポーチドエッグのせポン酢風味
市場内のバルにしちゃオシャレで変わったのでてきた!!
ポン酢はいまわりと流行ってるみたいだけど見た目は完全洋風…
わ!!
Txangurro con huevo poché
まずは上のポーチドエッグをつぶしてと…
とろ
うわっこれはやばい組み合わせでしょう!!
カニのほぐし身にトロトロ卵!!
ポン酢は言われないとわからないくらいの濃厚複雑ソース…さらに魚卵みたいなのでアクセント…面白おいしい!!

Tortilla de patatas
じゃがいものトルティーリャ（スペイン風オムレツ）
定番のトルティーリャも盛りつけオシャレ！
おっここのトルティーリャおもしろ！
表面パリッで中はホコホコ…よくあるトルティーリャとちょっとちがう食感これおいしいなあ
パン・コン・トマテ
そんな市場はおみやげを買うのにも便利な場所
カタルーニャ特産のロメスコソース アーモンドなどから作られていて何にでも合う！
FELIUBADALÓ
SALSA ROMESCO
ボケリア市場オリジナルエプロン
これは買って愛用中！
BOQUERIA
Barcelona
Espècies Morilla
干したクロラッパタケ カタルーニャではよく食べる黒キノコ
とはいえこの市場は観光地化しすぎてて割高だけど…同じものでもスーパーの方が安いよ

ところで市場といえばこんな思い出も
スペインでは2月に「カルナバル」という仮装週間があるのだけどそのころ市場に行ったら…
↖毎年日程変わるけどだいたい2月
え
市場の人もガッツリコスプレしてる!!
パテ屋のおばちゃんも
白ヌリ
+PATES
+RILETTES
+JAMON EN DULCE
+PATE EN CROSTAD
+JAMONCITO
SALCHICHONES
鶏肉屋のご夫婦も!!
写真撮っていい?と聞いたらこのポーズ!
こっちは白雪姫的女装でマジメな顔でハム切ってる!!
いろんな意味で市場大好きです!!
わはは いやーええもん見た〜 この時期の市場オススメだな〜

ボケリア市場から遠くない
サンタ・カテリナ市場もオススメ
その市場で買った
トルティーリャ
(スペイン風オムレツ)
専用皿
ウラは
鍋のフタ
みたいな形で…
トルティーリャを
引っくり返す行程
で使えて…
最後は皿に!
便利でおもしろくてお気に入り!!
でかくて場所はとるけど

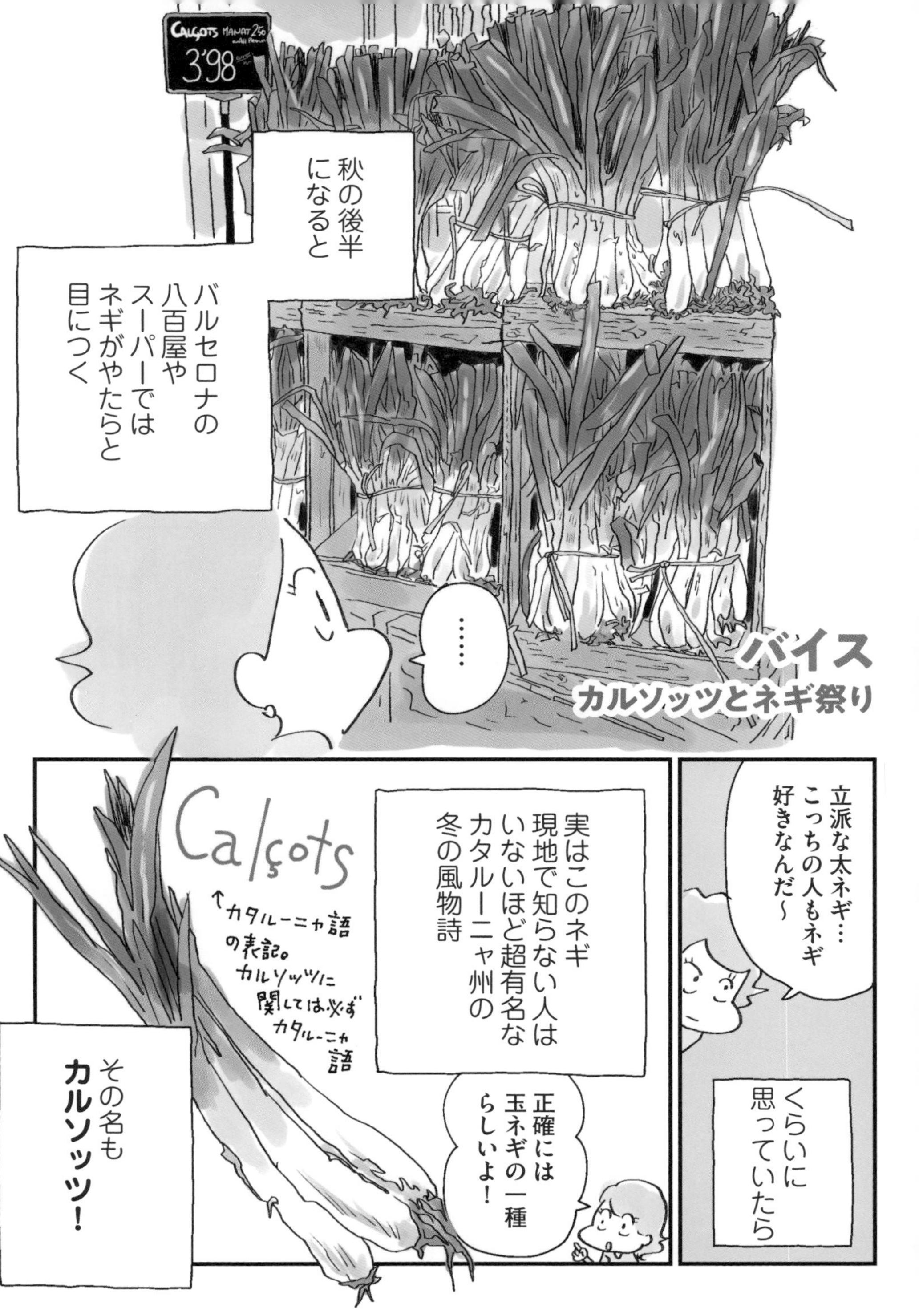
CALÇOTS MANAT 2'50
3'98
秋の後半になると
バルセロナの八百屋やスーパーではネギがやたらと目につく
……
バイス
カルソッツとネギ祭り
立派な太ネギ…こっちの人もネギ好きなんだ〜
くらいに思っていたら
実はこのネギ現地で知らない人はいないほど超有名なカタルーニャ州の冬の風物詩
Calçots
↑カタルーニャ語の表記。カルソッツに関しては必ずカタルーニャ語
正確には玉ネギの一種らしいよ！
その名も**カルソッツ！**

へ〜
カルソッツの産地で有名なのはタラゴナ県のバイスってとこで1月の終わりには「カルソッツ祭り」もやってるんだ！行きたーい!!
深谷ネギ祭り的な？
車で連れていってあげるよみんなでツアーしよう！
バイスにはガウディの弟子の建築もあるしね
参加する!!
ご近所友人で在西20年の建築家コバナワ夫妻
夫
留学中の友人カナちゃん
てなわけで行ってきました
バイスのカルソッツ祭り!!
市内から車で1時間ちょい電車でも行けるよ
EL
CDR
La Fiesta de la calçotada en Valls

むっちゃ大量に焼かれてる!!
ネギだけなの〜?
くさーーい!
カルソッツは収穫し終わったぶどうの枝で焼くのが本場のやり方
ぶどうの香りがほんのり移って風味がよくなるんだって
ぶどうとネギという2つの名産を組み合わせてるんだ!
民族衣装グッとくる…かわい〜!!
見てるだけでテンション上がりますね〜
いっしょに撮影もしてくれるよ
会場はまさにネギ一色で
ネギを見る目が真剣…
Concurs de cultivadors de calçots
カルソッツ品評会!
カルソッツグッズや食品もいろいろ!!
la calçotada
La cuina de calçot
買ってみて切ったらビックリするほど緑!
絵本やレシピ本
ネギパン
ネギTシャツ
ネギピザ
ネギ人形たっくさん!
PATATA PALLA Calçot
PALAU
ネギポテト
さらには

巨大なカルソッツ人形!!
記念撮影 大人気!
ちょっとあの人形顔こわすぎじゃない!?
ぶほっ
日本の地方のゆるキャラ祭り的なノリがむしろツボ!!
この洗練されてなさよ!!
あっはっはっ
この祭りの日以外は静かな小さい村だからねえ
そのほか「カルソッツ大食い選手権」も開催
残念ながら私たちは見られず…
じゃあ そろそろ焼けたカルソッツ食べましょーか
祭り用のは焼け方がピンキリだから
今日は予約した近くの店で食べよう!
やってきたのは「リストランテ・カサ・フェリックス」
Casa Fe-lix
店にも専用のカルソッツ焼き場がある!
そうこの店はちゃんと本格的でかつ広いから予約がとりやすいのがいいの
農家で食べるような小さいおいしいお店もあるけど予約が大変だから

レストランでは単品ではなくコースで食べるのが一般的
定番のカルソッツのコース料理
パンコントマテ
焼いたカルソッツ
肉と豆
デザート
VINO
ワインまたはカバ
11月〜4月ごろ(その年の天候による)限定で30〜40ユーロ
なんとたいてい呑み放題食べ放題!!
そっかコースではカルソッツは前菜扱い!
気持ち的にはメインだけどねすごい量くるから
日本人はよくネギ食べすぎてメインの肉を食べられなくなるから注意ね
ちなみにこの日私たちはグラスでワインを呑んだけど
カルソッツコースではこんな形でワインが出てくる店も多い
ポロンという容器
こんな風に呑む
おっとっと…
これがけっこう慣れるまで難しいんだ!!

さていよいよ
カルソッツ
タイム!!
エプロンと
手袋まで
するんだ
試合開始
ってかんじで
いいね!
Casa felix
Calçotada
カルソッツを
焼いた料理が
カルソ
ターダ
うわ
真っ黒コゲの
大量
極太ネギ!
カルソッツ定番
の瓦の皿
きたきた!!
じゃあ食べ方
教えるね
カルソッツを
縦に持って
皮をはいで
皮は
こんなに!?
ってくらい
思いきり
多めに
ズルッ
ロメスコ
ソースに
つけて
カタルーニャ
特産の
アーモンド
ソース

上からパクッと！
こうかな？
あーん
なるほどおいしーーーっ!!
極太ネギの一番おいしい真ん中を味わう料理なんだ！そしてこのソースもネギに合う〜!!
これはネギ好き日本人は好きでしょ
しばし一同カルソッツに集中!!
10本くらいはペロリといけるね!!
皮むくの楽しーーい!!
おかわりもどんどん来てわんこカルソッツ状態に
カルソッツの次はメインの**肉の盛り合わせ**カルソッツコースの定番は羊肉
白いんげん豆
血のソーセージ
羊肉
アーティチョーク
カタルーニャ名産のブティファラソーセージ
Carne de cordero a la brasa con guarnición

ネギをあれだけ食べてもやっぱり肉でガツンと締めるあたりはさすがスペイン…
どは〜
そんでもってその肉もうまー！炭火焼き効果で味わい深い〜
はうっ
日本人だけど大食らいな我々はどんどん食べ続け…
ワインおかわりー
わーいソーセージ！
……
ほぼしゃべらず口は動かし続ける最年少女子
ビスコッティ付き
締めのデザートは
クレマ・カタラナ
これもカタルーニャ名物！
フランスのクレーム・ブリュレとほぼ同じでパリパリカラメル&中はトロトロ！
Crema catalana
ここまで完食するとかなりの満腹
ぐふう…
それにしてもカタルーニャ名物いろいろをいっぺんに味わえるし…
おいしいし楽しいしもはや食べるエンタメだ!!

だからこの料理は1人より大勢で食べると楽しいよ

その日は満腹すぎて夜ごはんなんて食べられずさらに…
あれ？
やたらおなら出まくるし しかも臭いんだけど？
さすがネギと豆と肉のフルコースよ…
そんなカルソッツは焼く場所の関係でオススメのお店はバルセロナ郊外が多いのだけど
MAUR
あえて市内でオススメするならこの「マウール」
PIZZERIA
おいしいって聞いたけど…看板はピザ屋さん？
と最初は不思議に思ったら
ど〜ん
ん！
ちゃんと太いし焼き具合もかなりいい!!
おいし！
そっかピザ窯がネギ焼きにもちょうどいいんだ!!
おもしろ〜
と納得したのでした
11月〜4月にカタルーニャに行く人はぜひに!!
でも一番おいしくて確実に食べられるのは冬だと思う
いいな〜私もまた食べたい…
このほか「ウニ祭り」なども あるよ！旅と祭りを合わせると楽しいよ〜

サン・サドゥルニ・ダノイア

カバの街でワイナリーめぐり

スペインでは各地域で特色あるお酒が作られている
【バスク】
【アストゥリアス】
Sidra
シードラ
りんご酒
【バスク】
Txakoli
チャコリ
微発泡ワイン
【カタルーニャ】
Cava
カバ
スパークリングワイン
【ガリシア】
Orujo
オルッホ
ワイン用ぶどうのしぼりかすで作る蒸留酒
【リオハ】
Vino
ワイン
スペイン各地で作られているけど特にリオハの赤ワインは有名
Cerveza
ビール
各地に人気ブランドあり
【ヘレス】
Jerez
シェリー
ヘレス・デ・ラ・フロンテーラという街で作られていてアンダルシアで大人気
しかも日本よりお酒はかなーり安い!!

だから各地のワイナリー見学はお酒好きにオススメの旅スポットなのです!
日本語の現地発ツアーもいろいろあるよ
面白いのはリオハの有名ワイナリー「マルケス・デ・リスカル」ワイナリーに併設されたフランク・ゲーリー作のホテルがヤバい
なにこれいつか行きたい!!

さて
カタルーニャ州の
お酒といえば
「カバ」ですが
Cava
スペインの
スパークリング
ワイン代表格
バルセロナに
住んでる間に
カバのワイナリー
に行きたい！
でもワイナリー
って子どもは
退屈しちゃうん
だよなあ…
じーー
子連れでも
行けるけど…
?
よーーし
こんなときは…
子どもも増やせば
大人も子どもも
楽しいよ作戦!!
出でよ
年の近い
男子がいる
ファミリー!!
ダダダ
というわけで
お誘いしたのは
バルセロナに
長く住んでいる
日本人ファミリー
ホンマさん&
ミサコさん
ファミリー
←このときの年齢
9歳
5歳
じつは私
ものすごく
ワインが好きで
出産前はかなり
ワイナリー
めぐりをしたし
ワイン
アドバイザーの
資格も持って
いるの
ナイス
私の人選!!
わー!!
男子!!
7歳
↑ホントにぐーぜん
さて2家族で
やってきたのは
バルセロナ郊外の
サン・サドゥルニ・
ダノイアという街
駅名もいっしょ
Sant Sadurní
D'Anoia
Barcelona
電車で市内から
約40分
この街には
カバの
ワイナリーが
集結してるの
スペインは
車でしか行けない
ワイナリーも
多いけど
ここは交通の便が
すごくいいのも
ポイント
おっ もう
着いた！
あれ
ひょっとして
ここから
見えるのって…

目的のカバ・ワイナリー「フレシネ」は駅の目の前
日本でもおなじみ
Freixenet
BRUT
Freixenet
CAVAS FREIXENET
ホームの後ろ！これは本当に行きやすい!!
さっそく中に入ると
予約必須！フレシネのサイトから予約できるよ
ボトル型のクラシックカー！かわいいい!!
わ!!
入り口から面白いなあ…
さすがカバの世界的メーカー！
英語スペイン語カタルーニャ語フランス語などのツアーがあり
私達は英語のツアーに参加
日本語はなし
ぞろぞろ
参加者多い！世界中から来てそうだね
フレシネは有名だからねえ

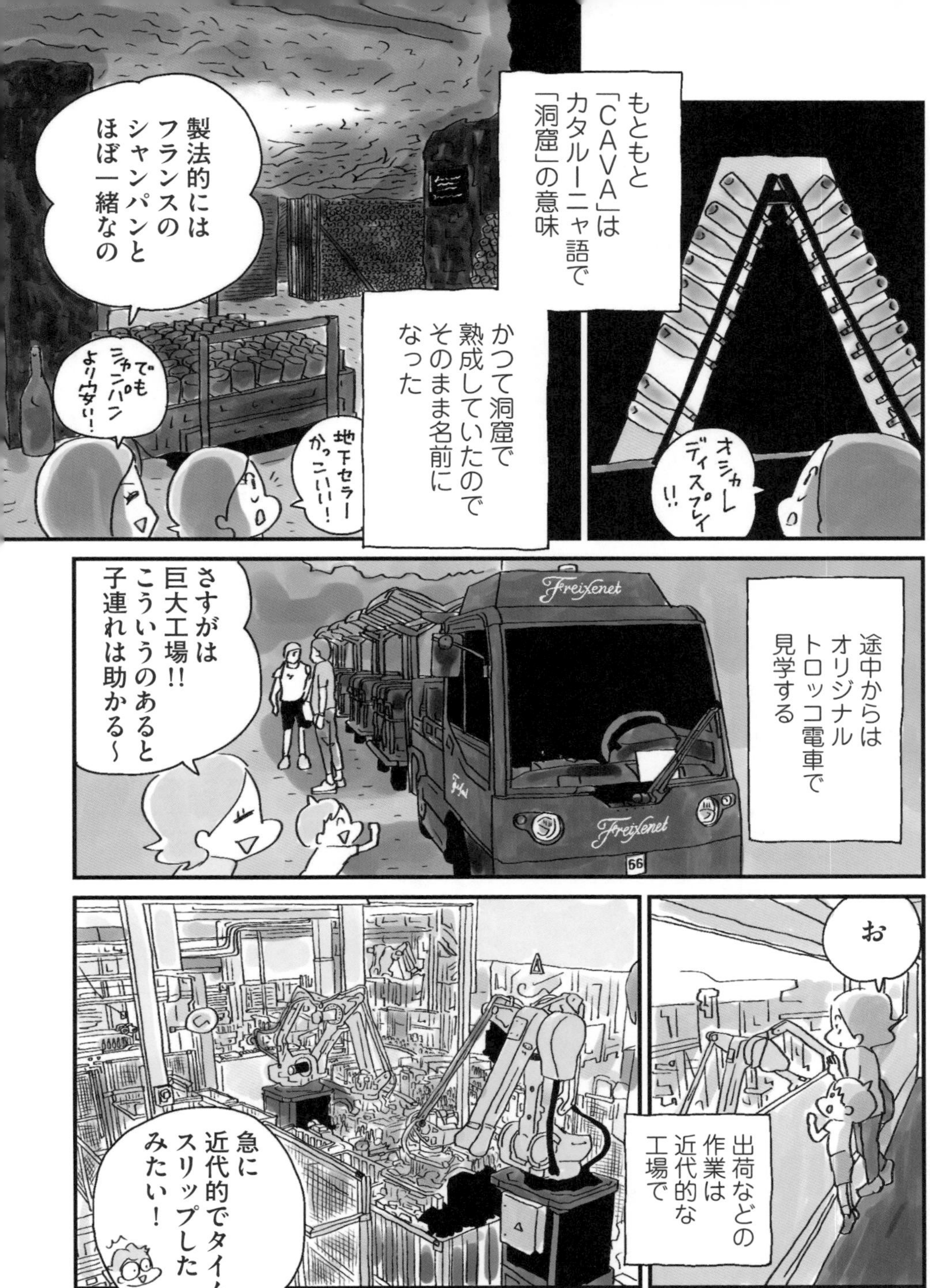
もともと「CAVA」はカタルーニャ語で「洞窟」の意味
オシャレディスプレイ!!
かつて洞窟で熟成していたのでそのまま名前になった
製法的にはフランスのシャンパンとほぼ一緒なの
でもシャンパンより安い!
地下セラーかっこいいー!
途中からはオリジナルトロッコ電車で見学する
Freixenet
さすがは巨大工場!!こういうのあると子連れは助かる〜
お
出荷などの作業は近代的な工場で
急に近代的でタイムスリップしたみたい!

最後はもちろん試飲タイム!!
「乾杯」の意味
サルー!!
うんうん
おなじみのスッキリさわやかカバ!! やっぱ呑みやすいよね
子どもにはぶどうジュースがあるよ
こんなお絵描きセットも!
子どものことわかってる〜〜!!
さて我が家だけだったらここで終わってたカバツアーだけど…
せっかくだからもうひとつ全然違うタイプのワイナリーも予約してみたの
メールで予約
フレシネは世界No.1シェアのカバとして有名だけど…
こっちは最高級で最高品質と名高いカバ…
その名も「レカレド」!
私はここのカバが一番好き!!
Recaredo
バルセロナのいいレストランにもたいていあるそう
えっ全然知らない! 呑みたい 行く行く!!
オレも知らん!
というわけでさっそく街の中へ!

カバで潤ってるのか
都市じゃないのに
豊かなかんじのする
街だね
なんて
思ったら
いえー!!
歩道のポールが
コルク型!!
かわいいい!!
あっちは
ボトル型！
ぷは
まさに
カバの
街でしょ？
そして
レカルドの
ワイナリーに
到着
なんだか
モダンな
ワイナリー
Recaredo
内装
オシャレ
あとで調べたらこのワイナリー
現地発日本語ガイドツアーも あったよ
小さなワイナリーなので
見学は私たちだけの
プライベートツアー
ようこそ
レカルドへ!!
英語に
して
もらった
まず最初に
みなさんに
お伝えしたい
大事なことが
あります

2019年から私たちの「カバ」は「コルピナット」と名前を変えることになりました
は!?
どゆこと!?
世界最高のスパークリング・ワインを目指すためカテゴリ名を新しく作ったのです
このペネデス地区の中でも高品質のカバを「コルピナット」と呼ぶことにしました
今まではぜ〜んぶ「カバ」!
CAVA
Corpinnat
コルピナット
カバのまま
リカレド含むいくつかのワイナリーのみ
フレシネなどのほとんどのワイナリー
なんだかよくわかんないけどとにかくオレたちのカバは他とは全然違うぜってこと?
いやカバじゃなくてコルピ…
憶えられんややこしっ!!
そういうことみたい
でも私も知らなかった!まだ変わったばっかりってことだもんね
そんなワイナリーの中は撮影も禁止されていて
フレシネよりかなり狭い!
コルピナットはこの土地で獲れた100%オーガニックな手摘みのぶどうにこだわっていて
「オリ」を抜くのも手作業
作業はすべて手作業で最低2年半は熟成させます

そしてついに試飲！10年以上の熟成ものも
Reserva Particular de
Recaredo
2007
BRUT NATURE
CORPINNAT
SANT SADURNI D'ANOIA
あっ 香りがいい！
うわー楽しみ～
ごく…
2種呑める
えっ
これうまい！
ビックリ!!
なにこの深みと雑味のなさ！今まで呑んできたカバとまるで別物！
でしょでしょ？
変な人工的な甘さが全然ないのよね
うん違うねえ
うわー幸せだけどこんなん呑んだら安いふつーのカバに戻れなくなりそう…
あれれれれれ
なんて贅沢な心配も生まれた至福のカバツアー
Simón Coll
この街には有名チョコ工場「シモン・コール」もありカバ入りコルク型チョコはお土産にも最高
Cal Blay
ランチで行ったレストランでは入り口でウェルカムカバ！
あカバじゃなくてコルピ…憶えられなーい!!
お酒好きならぜひこの街へ!!

バルセロナの
オススメ
おみやげ

オリーブオイル専門店
「LA CHINATA」
のオリーブオイルグッズいろいろ

LA CHINATA
PATÉ DE
FAISÁN CON TRUFAS

パテ。
イベリコ豚、キノコ＆ブルーチーズ
など種類豊富で味もGood！

LA CHINATA

リップバーム

オシャレパッケージ
のわりに値段が安い！
商品の種類も多くて
まとめ買いにも◎

実はチェーン店で
バルセロナに数店
あるしスペイン国内の
あちこちにあるよ

カタルーニャの料理雑誌
CUINA

私は旅先で料理雑誌や
レシピ本を買うのが大好き！
言葉がわからない本でも
見てるだけで幸せ♡♡

スペイン全国版
の料理雑誌
だと「Tapas」
が大スキ♡
こっちはスペイン語

Tapas

アーティチョーク

地方雑誌
とは思えぬ
デザイン
クオリティ！
ただし
カタルーニャ語

CUINA

両誌とも本屋または
キヨスクみたいな店で売ってるよ

Galicia

ガリシア州

公用語：スペイン語、ガリシア語

州都・サンティアゴ・デ・コンポステーラは、
エルサレム、ローマに次ぐキリスト教3大聖地のひとつ。
世界中から巡礼者が集まる。

2.

サンティアゴ・デ・コンポステーラ&オウレンセ&オ・カルバジーニョ
世界一のタコを求めて

ある日
私のスペイン語の先生だったイアゴくんがこう言い放った
キッパリ
バルセロナの魚介なんてしょせんただの観光用です
ガリシアの魚介とは比べものにもなりません
↑日本語
ガリシアが実家で日本大好き
へーそこまで言っちゃう？
私魚介レベルが高い富山の出身だけどバルセロナの魚介それなりに満足してるよ？
僕は富山も行きました
ガリシアの魚介は富山より上です
は？今なんつった？
ヒクッ

富山の魚介が
スペインの魚介に
負けるわけが
ないでしょーが!!
北の人間の魚プライド
日西対決
富山も
おいしかったですが
ガリシアの方が
上なんです
こんど富山で
本物のキトキト
の魚食べさせて
あげるがね
ガク
ガク
ガク
クール→
そんな
ガリシアは
サンティアゴ巡礼路
（カミーノ）の
ゴール地点として
有名で
Camino de Santiago
お遍路さんの
キリスト教バージョン
世界中から
巡礼者が
集まる
スペインタパス
のド定番
「タコのガリシア風」
でもよく聞く場所
Pulpo a la gallega
シンプルだけど
最高のおつまみ

イアゴくんが
あそこまで言う
魚介食べたい…
特に本場の
「タコの
ガリシア風」が
食べたい…
ブツブツ
しかも
ガリシアは
スペイン屈指の
温泉地…
温泉
好き
えっ 温泉！
ママ行こう!!
というわけで息子の
学校連休を利用して
いざガリシア
タコツアー
2人旅へ!!
わ！
街中が
巡礼者
だらけ！
夫は仕事&
温泉に
興味ゼロ
まずやってきたのは
巡礼のゴール地点
サンティアゴ・デ・
コンポステーラ
あちこち
貝のマーク
だらけ！
ホタテ貝は
巡礼の目印
空港にも
売ってる
巡礼者の
つえ
道にも
貝マーク
温泉は
どこー？
まずは
タコを
食べるよー
温泉は
次の街！

タコ専門店① 「メソン・ド・プルポ」
MESÓN DO PULPO
Estrella Galicia
MESÓN DO PULPO
MESÓN DO PULPO 大聖堂から徒歩圏内
その名も「タコ居酒屋」
入口から タコ イラスト いっぱい!
わーーい
でも 問題は
問題
タコなんて キラーイ! おいしく なーーーい!!
ブーブー
どーしよ…
バルセロナでも全っ然タコ食べてくれなかったんだよな~
えーと…
タコ以外も 頼んであげる からさ~
乾杯は 地元のビール エストレーリャ・ガリシア
Estrella Galicia
CERVECEROS DESDE 1906
Estrella Galicia 「ガリシアの星」の意味
カンパーイ
2人旅 よろしく!!
ファンタ
ガリシアは 緑と水に 恵まれた 地域なので
良質の軟水で 作られて いるのが特徴
旅の ランチビール 最高!
おっ 軽くて 呑みやすいけど 風味はしっかり

そして
お目当ての
タコが
やってきた!!
上には
オイルと
塩と
パプリカ
私が知ってる
「タコのガリシア風」は
タコの下にじゃがいも
が定番だったのに
シンプルにタコだけ…
お!!
バルセロナで
食べたのより
さらにタコが
やっわらかい!
やさしい弾力!!
ホントに
バルセロナより
魚介のレベル
高いかも…
ねえ
食べてみなよ
ここのタコ
ちょっと
違うから!
え～～～～～～
一口だけ
一口だけ
一口だけ!!
も――――
じゃあ～
一口だけ…
ブツブツ
あれ
ひょいぱく
ひょいぱく
タコ
おいしい
あれ?
でしょ――――!?
おいしいよね
――――!!

うわ――
奇跡の
タコ嫌い克服!!
ありがとう
ガリシア!!
これだけでも
ガリシアに来て
よかったよ～!!
ひょいぱく
ひょいぱく
いちおー
パプリカ少なめのとこ食べてる →
じーーん
この店で
息子は
タコに
ロックオン
また タコ
食べたい
よっしゃ
まかせろ
旅の道中
タコを食べ
まくろう!!
我らの巡礼路は
タコの道!!
こうして
名実ともに
タコツアーと
なった我々が
次に向かったのが
オウレンセ
Santiago de Compostela
特急で
約1時間
Ourense
この街は巡礼者が
ゴール後に疲れを
とるためにやってくる
温泉地として有名
まずは
そこで
湯めぐりし…
ガリシアは
山の中の村
にもおいしい
タコがある
らしいよ
なんで?
タコは海の
ものでしょ?
それがさー
景色最高
Termas
Outariz

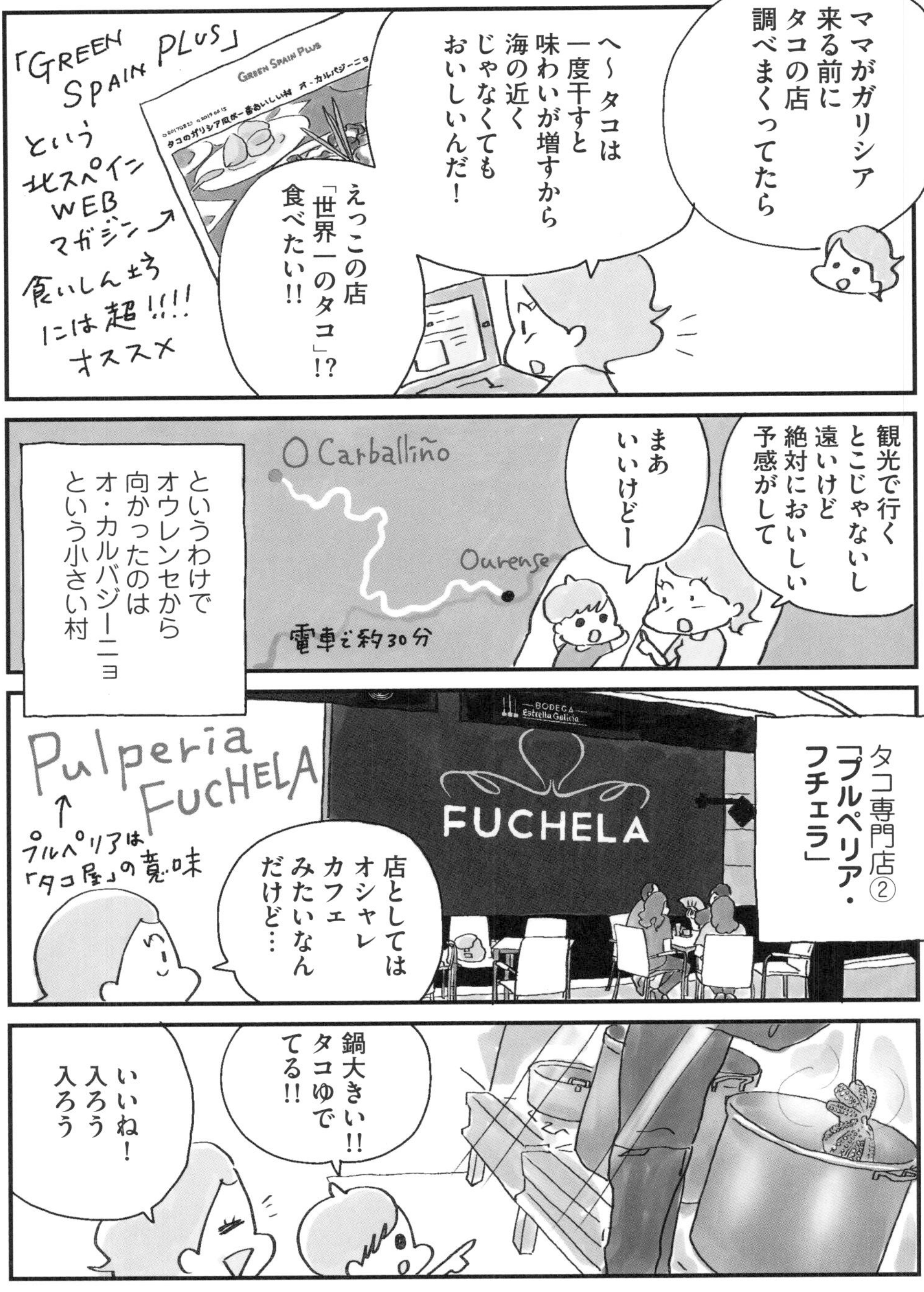

ママがガリシア来る前にタコの店調べまくってたら
へ～タコは一度干すと味わいが増すから海の近くじゃなくてもおいしいんだ!
えっこの店「世界一のタコ」!? 食べたい!!
GREEN SPAIN PLUS
「GREEN SPAIN PLUS」という北スペインWEBマガジン→
食いしん坊には超!!!!!オススメ
観光で行くとこじゃないし遠いけど絶対においしい予感がして
まあいいけどー
O Carballiño
Ourense
電車で約30分
というわけでオウレンセから向かったのはオ・カルバジーニョという小さい村
タコ専門店② 「プルペリア・フチェラ」
BODEGA Estrella Galicia
FUCHELA
店としてはオシャレカフェみたいなんだけど…
Pulperia FUCHELA
↑
プルペリアは「タコ屋」の意味
鍋大きい!! タコゆでてる!!
いいね! 入ろう入ろう

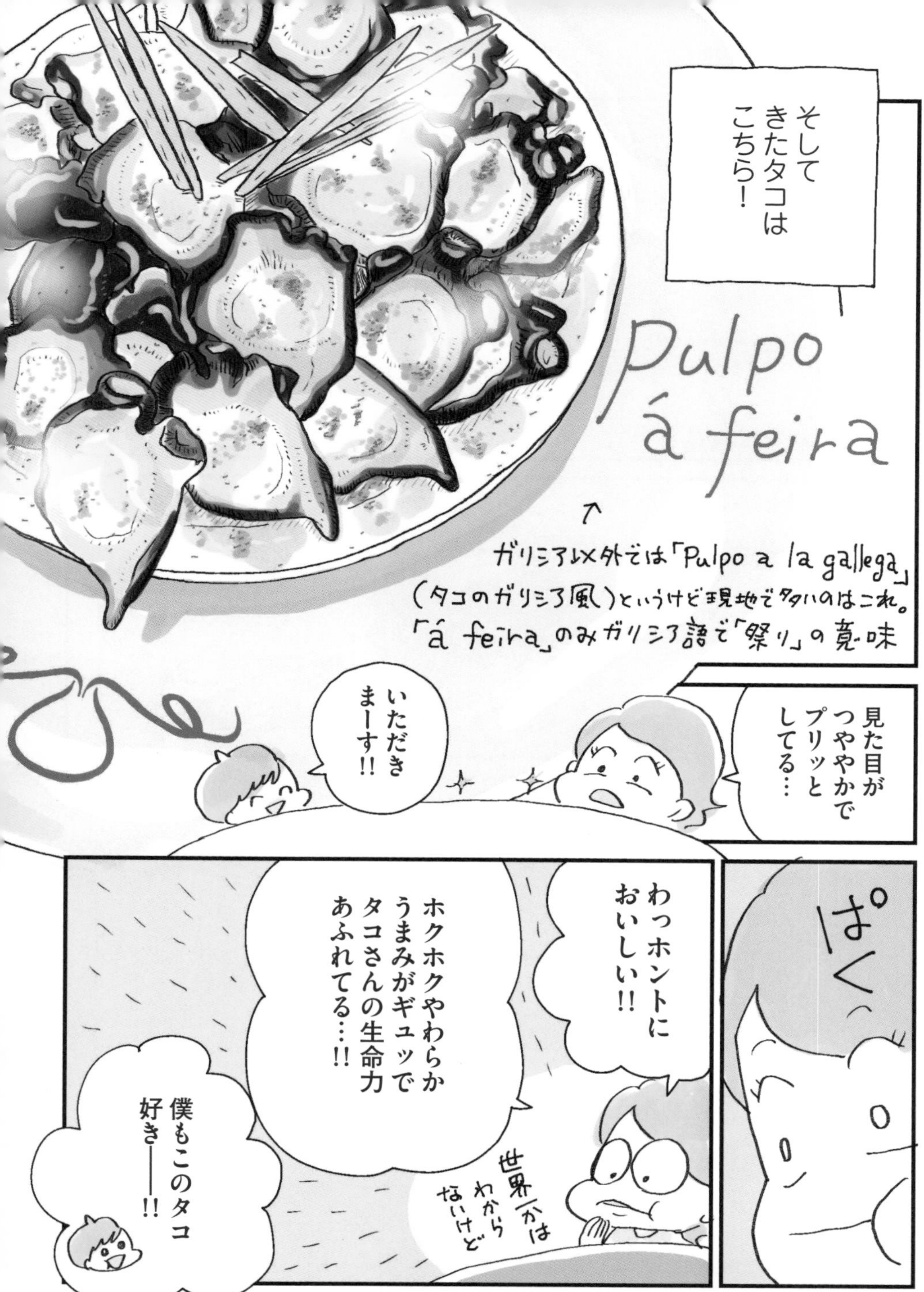
そしてきたタコはこちら!
Pulpo á feira
ガリシア以外では「Pulpo a la gallega」(タコのガリシア風)というけど現地で多いのはこれ。「á feira」のみガリシア語で「祭り」の意味
見た目がつややかでプリッとしてる…
いただきまーす!!
ぱく
わっホントにおいしい!!
ホクホクやわらかうまみがギュッでタコさんの生命力あふれてる…!!
世界一かはわからないけど
僕もこのタコ好きー——!!

さらに
もうひとつ
おいしかったのは
意外にもパン
もちもちで
おいしい〜!
ガリシアって
入る店入る店
全部パンが
おいしいのって
なんで?
残念ながら
パンレベル
が低めの
バルセロナとは
全然違う!!
実はガリシアは
スペインでも
パンのおいしさで
有名な地
なんだそう
しかもこの村の
隣のセア村は
特に有名な
パンの村なんだ!
どーーりで!!
幸せに満腹に
なった我らは
ステキ教会前で
しばし休憩…
ぼーーー…
観光地じゃない
場所に旅行に来る
のもまたいい
もんだねえ…
実は
田舎すぎて
帰りの電車まで
かなり時間
あったんだけど

ちなみに タコ以外の魚介も もちろん食べてて 全てハイレベルでした
海辺の街 ア・コルーニャにも 行ったよ
しかも バルセロナより 安い店が多い のもすばらしい！
うんうん 魚介の街として 富山生まれの 私が認めて あげよう！
しつこい↑ 北の プライド
さて後日 イアゴくんに旅報告
タコの店で 行ったのは ここと…
えっ…
僕が最高の タコの店だと 思うのは 別の店ですよ 聞いてくれたら 教えたのに！
ア・コルーニャの「Pulperia de Lola La Antigua de Melide」です
え
そーいえば イアゴくんに 聞き忘れ てた――!!
私の アホ アホー!!
タコツアーは まだまだ続く… (かもしれない)

ガリシアのオススメおみやげ

十字架もようの入った
シンプルなアーモンドケーキ
イアゴくんオススメ伝統菓子
Tarta de Santiago
タルタ・デ・サンティアゴ
日持ちするし いろんなところで 売ってる
オススメブランドはANCANO 外がサクサク 中はフワフワです！
ガリシアのおいしい白ワイン
Noelia Bebelia
ここが黒とシルバーのがあって 友人オススメの味はシルバー
Noelia Bebelia
小さなワイナリーなのに バルセロナの星付きレストランなどにも卸しているそう ワイナリー見学した友人がおみやげで買ってきてくれたよ
私 白ワインは苦手だったのに これで呑めるようになって
ホントだ おいしっ！
酒屋さんでも買えるけど… ホントはこのワイナリー行ってみたかった〜！

3.

País Vasco

バスク州

公用語：スペイン語、バスク語

いまだ起源が解明されない
孤立した謎の言語・バスク語と独自の文化を持つ。
世界的な美食の地で、最も人口が多い街はビルバオ。

サン・セバスチャン①&アスティガラガ
シードラ&チュレトンレストラン

バスク州の小さな街サン・セバスチャン…この街では
「星は夜空ではなく地上に輝く」
と言われる
なぜなら「人口当たりのミシュランの星の数」が世界トップクラスだから!
そして星付きレストランはもちろん
チープなバルまでハイレベルな世界屈指の美食の街——

だら〜
…
バルセロナ引っ越し前
私はそんな情報を
知ってよだれを
垂らしまくっていた
そんなの大昔
スペイン旅行
したときは
知らなかったよ！
でもなんでこんな
小さな街が？
ごはんと温泉のリサーチしまくってた人 ←
ダダダ
きたねーなオイ
サン・セバスチャンは
雨が多い北スペインの
フランス国境近い
海沿いにある街で
その立地から
魚介や野菜など
食材にも
恵まれている
でもそれだけじゃ
世界屈指の
美食の街には
ならないよーな…
とにかく
スペインに
住んだら
行かなきゃ!!
そう決意し
引っ越し後の
夏休みに
サン・
セバスチャン
通称サンセバに
行ってみたら

サンセバは立ち呑み文化が盛んな街なので
これぞ私が求めていたスペイン!!
きゃ〜!!!
何もかもおいしいしおもしろい料理が多すぎる!!
こりゃ世界中から食いしん坊が来るわけだーっ
でも…でも…
くらっ
私は思わずサンセバの中心で叫んだ
San Sebastián
(バスク語ではDonostia ドノスティア)
上からの図
このあたりの旧市街に有名バルが密集してるのでここの徒歩圏内に宿をとると安心して呑めるよ♥
1回の旅行じゃこの街は全然味わいきれな〜い!!

てなわけで
その翌年の秋
また息子の学校が連休だから仕事はできないんだよな〜
ほんっと この国は学校休み多いな〜 ブツブツ
できたらまたサンセバに行きたいけど夫は会社あって長く休めないし…息子と2人で行っちゃう?
サンセバの人気店はこんな
ぎっしり
いやいやキケンだし楽しめないな
そこで誰かと一緒に行けないかと探しまくってたら
ええ すごい 神 キター!!
うちちょうどサンセバ旅行計画してたの!子ども1人じゃ退屈しちゃうから大歓迎!!車で行くから2人なら乗せてってあげる!
息子と同い年の娘ちゃん
スペイン駐在赴任5年以上のアサノファミリー
いざサンセバ便乗旅行へ!
バルセロナからは飛行機だと一時間ちょい
最初はスペイン人同僚が教えてくれたオススメの店でランチをしよう
サンセバ郊外のアスティガラガって小さい街にあるんだよね
予約しておいた
わーい
まず訪れたその店は

「イレッツア・シードラ醸造所」
(イレッツア・サガルドテギア)
↑という名前のバルレストラン！
IRETZA SAGARDO-TEGIA
en Astiga-rraga
巨大な樽の中が客席になってる!!
サンセバ中心地からはバスで30分くらい
えっ…
バスクはシードラ(りんご酒)が有名なんだけどこの街はその醸造所が多いシードラのメッカなんだよね
バスクのシードラ呑んだことない！
サンセバのシードラはシンプルな作り方でヘルシー
毎年1月に新酒が解禁される
Sidra
バスク語ではサガルドア
Sagardoa
サンセバ市内のバルでも呑めるよ

さっそくシードラを注文すると
空のコップ置かれたけど…
店の奥
ETXEBERRIA
シードラは樽から自分で注ぐ仕組み
へー面白いい!!
注ぎ方はここの蛇口を開けたら
ETXEBERRIA
ちょろろ…
こーやってどんどん離していってあえて泡を立てる!
じょぼぼ
じょぼぼ
あれ意外と難しいな
ETXEBERRIA
じょぼぼぼ
そんなシードラのお味は…
あれ?

りんご酒だと前にフランスのシードルを呑んだことあるけどまるで別物…
けっこう酸味が強くてこれは好みも分かれそうな味じゃない？
確かに！
まあでも名物だし一度は試す価値アリだよね
さて肝心の料理！まずはバカラオのトルティーリャ
Tortilla de bacalao
わっこの形のオムレツなつかしい!!
定番のトルティーリャはこの形が基本
この料理はシードラレストランには必ずある定番メニュー
バカラオ（干しダラ）
ちなみにバカラオはスペインではポピュラーな食材でバスクでは特によく使われる

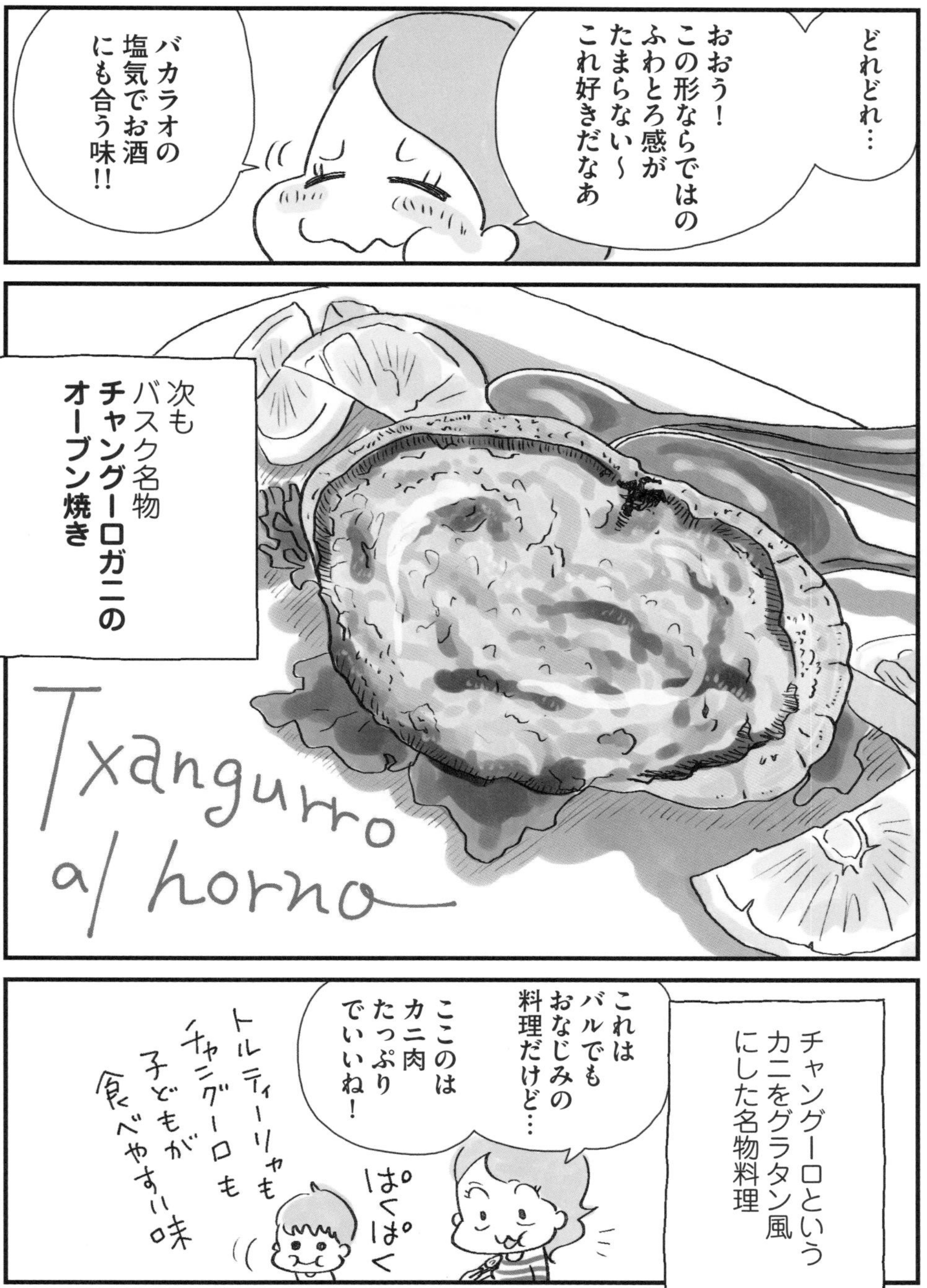
どれどれ…
おおう！この形ならではのふわとろ感がたまらない〜これ好きだなあ
バカラオの塩気でお酒にも合う味!!
次もバスク名物チャングーロガニのオーブン焼き
Txangurro al horno
チャングーロというカニをグラタン風にした名物料理
これはバルでもおなじみの料理だけど…ここのはカニ肉たっぷりでいいね！
ぱくぱく
トルティーリャもチャングーロも子どもが食べやすい味

そして
メインは
どん
シードラレストランといえばこの料理!
チュレトン
(巨大 骨付き牛肉の炭火焼き)
Chuetón a la parrilla
いいね～
ワイルド!!
アドレナリン出る～!!
うほっ
うんうん
多少 筋はあるけど
おいしい!
肉を食べてる感
あるねー
バスクに来たなら
本物のチュレトン
食べなきゃね
一同でモリモリ
食べた食べた!!

でも実はこの日の
一番のヒットはこちら
トリュフオイルの
キノコのリゾット
Risotto de hongos con aceite de trufa
このリゾットむっちゃうま!!
別にバスク名物じゃないと思うけど
もり
もり
ホント濃厚でおいしい〜止まらない!
これもう一皿頼もう!
オトロポルファボール!
「おかわりお願いします!」
(物によってはオト「ラ」になる)
てなわけで一軒目から腹15分目くらいにお腹いっぱい
おいしかったし楽しかった!
いいお店だよねバスクならでは!
でも旅はこれから…いざサンセバ!
は——!!!
次回はサンセババルめぐり!
美食の街になった秘密も紹介します

サン・セバスチャン②
美食の街でバルはしご

かつてはスペイン王家や貴族の避暑地としても栄えた海辺の街
そんなサンセバには100以上もの「美食倶楽部」がある
スペイン語で
Sociedad
ソシエダ
バスク語で
Txoko
チョコ
100年以上の歴史があり基本は男性限定で会員制
でも近年は女性OKな倶楽部も多い
専用キッチンでみんなで料理を作り食べながら料理談義を楽しむ
魚はどこで買ってる～？
うちはさ～

さらにサンセバのレストランやバルに秘密は存在せず
ARZAK
星付きの店でもその料理哲学からレシピまでオープンにしていて指導にも積極的
これは料理界の常識をくつがえす画期的なことだった
ARZAK
secretos
de cocina
2009年世界初の四年生大学料理学部も誕生
なるほど!!
舌の肥えた人々が集まり市民は食いしん坊で研究熱心シェフはオープンマインド…
さらにフランスも近い!
そりゃ街全体の料理レベルが上がるよ!
美食の街になるわけだ!!
そしてサンセバといえばピンチョス発祥の地であり…
「串刺し」の意味の軽いおつまみ
スペイン語で
Pinchos
バスク語で
Pintxos

なんといっても「チキテオ」文化がしっかり根付く街!!
Txikiteo
バスク語で「はしご酒」
というわけでバルはしご酒を楽しむためにサンセバにやってきました!!
といってもサンセバの人気店はこんな感じで注文するのも大変だし…
ぎゅう
食いしん坊はこんな失敗もしがちなので…
やばっ 行きたい店まだまだあるのにもうお腹いっぱい!!
短期滞在なら準備と計画はかなり大事!てなわけで…
行く前準備その① バル&人気メニューチェック
各店に名物メニューがあるのでそれに絞って注文した方がたくさん店に行けるし
名物はかなり外れないよ
お店情報はネットに山ほど! オススメ店リストをくれるホテルも多い
注文もサッとスムーズにできるから!!

準備 その② 定休日や営業時間チェック
サンセバの店は日曜夜から火曜にかけて定休日が多いので要注意！
準備 その③ なんとな〜くルートを決める
メニューのバランスなどで行く順番をざっくり決めておくとスムーズだよ
この店は混むけどオープンしたては入れるから先に行こう!!
子連れでも一晩で4〜5軒まわれるよ
ここの人気メニューはデザートだから最後に行こっか
さてさて肝心のバルの利用法！
注文方法や会計は店によってバラバラで…
CARD
キャッシュオンの店もあと会計の店もアリ
ポイント① 店の人はアイコンタクトでつかまえる
目が合えばちゃんと認識して順番にオーダー取ってくれるよ
ポイント② 泥酔せず一軒の店に長居しない
それがサンセバ流
ラ クエンタ ポルファボール！
↑「お会計お願いします」
さてさて説明が長くなりましたが…
ぐ〜…

いざ チキテオ！
ここは 昼から 呑める 街♡
TXEPETXA
私のオススメを ザーッと紹介 していきます!!
イワシ専門バル 「バル・チェペチャ」の イワシのウニのせ &イワシの庭師風 (野菜マリネのせ)
Jardinera
Erizo de mar
写真付き メニューあるので 注文もラク
Bar Txepetxa
うわっイワシの 酢づけとウニの 相性いい〜〜〜!!
未知の イワシ ワールド!!
そして野菜のせ 見た目華やかな だけかと思ったら これおいしっ!!
ピンチョスの元祖 であり定番のヒルダも この店は評価が高い
Gilda
これね シンプルながら 最高のおつまみ！ クセになるよ〜
オリーブ
ギンディーリャ (青唐辛子の酢づけ)
アンチョビ
たいていのバル にあるよ

バルレストラン「ラ・クチャーラ・デ・サン・テルモ」
ここはわりとしっかりした料理を出す店だからテーブル席がベスト
DESDE 1999
オープンの少し前に行けばテーブル席を確保できるよ
大好き
何を食べてもかなりおいしいけど
感動したのはモルシーリャ(豚の血のソーセージ)のソテー
Morcilla a la placha en La Cuchara de San Telmo
うまっっ!!
濃厚なお肉にフルーティなソース…バルでこの洗練された味ってさすがサンセバ!!
大人な味なのになぜか子どももパクパク!!
腹ごなしのオススメはイゲルド山のレトロ遊園地
ここのジェットコースターやばっ!!
怖!!
さてまた街に戻ったら

魚介ピンチョスが大人気の「バル・ゴイス・アルギ」
BOCADILLOS Y RACIONES
うっわー ここもすごい人!
メニューが多言語電子掲示板ってのが意外だな〜
Bar Goiz-Argi
わ!! 日本語にもなる!!
ここの一番人気はエビの串焼き
Brocheta de gambas
えっ この上のソースおいし!!
できたてアツアツはふはふ
バスク名物ギンディーリャ(青唐辛子)の素揚げもここで食べられる
Guindilla
これピリ辛で最高にビールに合うよ!
パドロニもいいけどこれもいい!

モダン
ピンチョスバル
「ア・フエゴ・ネグロ」
A Fuego Negro
CALDO GARBANZOS, SETAS Y PAJA
BONITO, PIPARRAK, CEBOLLA ROJA
ACEITUNAS CON VERMÚ
MAKCOBE TXIPS
by RAMÓN LIZEAGA
メニューの看板がひとつひとつ凝ってて遊び心あるなー
料理のイメージも少しできるし
ここの料理はどれもひとひねりしてある
たとえば黒いイカリング
Black Rabas
中身は真っ黒
この見た目で中がイカ墨ペーストっておもしろ!!
好み分かれるかもだけど私これ好きー
「マック神戸(!)」というミニミニバーガーは子どもにピッタリ
わーいハンバーガー!
ピンチョスバルはスペイン中にあるけどこういう創作系はサンセバならではだなー
モダン系は「Bar Zeruko」もオススメ

デザートなら
「ラ・ビーニャ」
本家本元の
バスクチーズ
ケーキ!
ここにチーズケーキがずらっ!!
へーケーキ屋さん
じゃなくて普通に
食べ物もある
バルなんだ!
La viña
Tarta de queso
バスクチーズケーキは黒っぽいほど焼き目しっかりなのが特徴
この店が発祥で人気メニューとして広がった
焼き目のカラメル風味がおいしい!!
赤ワインにも合いそうな味…
さすがはしご酒の街のデザートだなあ…
ちなみにお酒といえば

はしご酒に
オススメのお酒は
チャコリ
バスク名物の微発泡ワイン
バスクのバルには必ずある
バスク語で
Txakoli
わざと上から入れる注ぎ方がおもしろいし…
スッキリ呑みやすくて軽いよ
おっともう最終ページ
え——まだまだ紹介したい店あるのに～!!
生ハムなら「La cepa」などなど…
そうサンセバにはハイレベルなバルが山ほどありしかもクオリティのわりにリーズナブル
だからはしごできる!
有名観光スポットは特になくて「食」だけが豊富なこの街には…
もう食べられなーー!!
げふー
でもまだ行きたいもう一軒……
今日も世界中から食いしん坊がやってくる

オンダリビア
芸術的ピンチョスと世界一のスープ

サンセバからバスで約40分
一気に国境を越えてフランスにやってきました
わーカラフルでかわいい街!!
ANTXIHA JATETXEA
…というのはウソで
HOTEL SAN NICOLAS
実はここもスペインなのです

ビックリ!!
でもスペインじゃないみたい…!!
他の街と全然雰囲気が違うね〜
仕事を終えて途中合流した夫→
この街の名はオンダリビア
フランスとの国境にある小さくて静かなリゾート地
対岸がフランス!この近さってすごい!!
ボートで簡単に行けるよ
なぜこの街に来たかというと少し前に…
大変です!!
カルソッツツアーいっしょに行ったかなりの食いしん坊友人カナちゃん→
私サンセバよりおいしい街を見つけてしまったかも…
やばかった…
は!?
サンセバにドはまりして通いつめてた君がそれ言う!?
てかサンセバよりってありえなくない?

というわけで
やってきたのは
ピンチョスバル
「グラン・ソル」
Gran Sol
ここオススメ
された!!
外でも呑める
となりにレストラン
もアリ
ここ会社同僚の
食通スペイン人にも
オススメされたよ
そこで
待っていた
のは…
ズラッ
ツヤッ

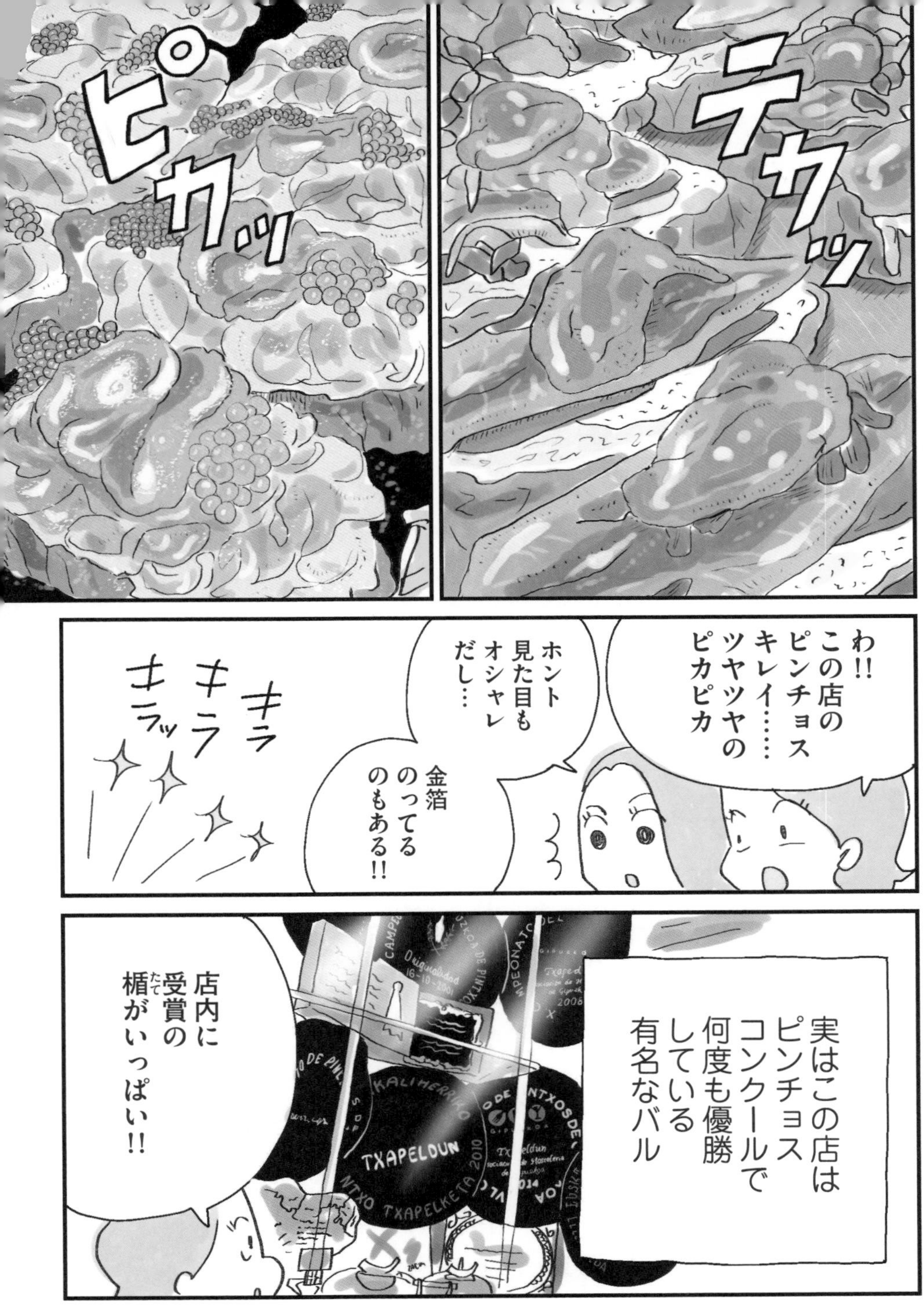

テカッ
ピカッ
わ!! この店のピンチョスキレイ……ツヤツヤのピカピカ
ホント見た目もオシャレだし…
金箔のってるのもある!!
キラ キラ キラッ
実はこの店はピンチョスコンクールで何度も優勝している有名なバル
店内に受賞の楯《たて》がいっぱい!!
TXAPELDUN
NTXO TXAPELKETA 2010

いただきまーす
さっそく食べてみると…
!!
え
お
全部のピンチョスがおいしいし味が複雑…
ピンチョスというよりコース料理の一皿をギュッと小さく濃縮させたような…
なにこの完成度の高さ!!
ここ個人的歴代ナンバーワンピンチョスかもしれない……
私も!!今までいろーんな店でピンチョス食べてきたけど…

確かにこの完成度はすごいね芸が細かくて見た目と味が両立してる
うまい
スイーツの世界でいうならピエール・エルメ的だよね
ピエール・エルメ！うまいこと言うね!!
別格感あるある!!
ただ個人的にはピンチョスはここまで洗練させたり完璧に仕立てなくてもいいんだけどな〜
もっとシンプルでもいい
さてこの店には注文してから作るピンチョスもある
そんなひとつがこちらコンクールで1位をとったオリジナルピンチョス**ミカ**
Mika
こういうアート系は少し値段上がって5ユーロ前後

うわー なにこれ もはや芸術作品!! 美しすぎて食べるのもったいない…!!
スミレがかわいい〜!!
ぱく
エビのフリットにソースはマヨネーズとグリーンソース… さらに何種類もの魚卵のプチプチ食感…
味の構造が計算され尽くされている…
おおお おいしい〜
いやー ホント ここすごいねー
この味でオールスタンディングで気軽にってオンダリビアすごいな!
さて この街にはこんな奥深いピンチョスバルの他にも…
このバルのすぐ近くにあるレストラン「ラ・エルマンダッド・デ・ペスカドーレス」には
これもオススメされて来たよ わー 制服がかわいい〜
La Hermandad de Pescadores
ここは予約必須 サイトから予約したよ

ANAの機内誌「翼の王国」で“世界一美味しいスープ”と絶賛されたスープが！メニュー名はズバリ
魚のスープ
テーブルでよそってくれる
Sopa de pescado
日本語メニューあり
見た目地味だけどおいしっ！ブイヤベース系で素朴なのに品のいい味…入ってる白身魚が新鮮!!
うんうまい！世界一は言いすぎな気もするが確かにうまい！
おいしー
重すぎないのがいい
サンセバのようにお店がズラリというわけじゃないけれど珠玉の店がある街――
オンダリビアはそんな街でした
どっちがどうというよりもどこもすごすぎるね
バスクはレベル高すぎ
街もかわいかったし来てよかった!!

ビルバオ
バルで味わう世界最高の生ハム

バスク
最大の都市
ビルバオ
工業都市から
アートの街へと
劇的に変身した街
GIORGIO MORANDI
Bilbao Museoa
グッゲンハイム美術館
とそのシンボル
花でできた
パピー（小犬）ちゃん

そんな
ビルバオの
「ヤバイ店」と
出会ったのは
日本への
帰国直前
えっ！
息子の学校
2泊3日の
お泊り遠足!?
学校からの
おしらせメール
（おしらせは全部
ネットでくる）

どどどどーしよ
子なしでどこでも
行けちゃうよ…!!
帰国前なので
珍しく忙しくない夫↓
そりゃ大人だけで
行けるなら……
やっぱり
バスクでしょ!!
帰国前に
もういちど!!
そんなわけで
3度目のバスク
食いしん坊旅は
夫婦2人旅
さて
ビルバオ
について…
ここバル
なんだけど
人気店ぽいから
席予約しといた
サイトから予約
どんな
店?
多くの料理人が
「世界最高峰の
ハモン・イベリコ」
と称賛する
ホセリート社の生ハム
JOSELITO
スペインで
最初にココのハム
使ったバル
なんだって
…をバルなのに
ガンガン使いまくってる店
として有名らしくて
いい生ハム使ってても
おいしい店とは
限らんけどな…
まあ
いいけど…

やってきたのは
「ラ・ビーニャ・デル・エンサンチェ」
生ハム→ズラリ！
おここだ!! 立ち呑みカウンターとテーブルに分かれてるね
満席！予約してよかったー
La vinã del Ensanche
メニューは紙メニューの他電子メニューも
老舗なのにiPadタッチ式メニュー!!
<Back | Appetisers
しかも日本語アリ
意外ね
さて
この白ワインおいし！フルーティだけど甘すぎず…ハウスワインでこのレベルすごいね
白ワインで乾杯したあとやってきたのは
LA VIÑA DEL ENSANCHE
↑オリジナル90周年グラス
ちなみにグラスワインが200円くらいなのもスペインのすばらしさ

人気メニューの
炙り生ハム
（ホセリート社）と
フォアグラ
Josellinis gratinados
へー
面白いお皿に
のってきた
ぺら
メニューによると
カリカリパンの
上に炙った
生ハムとチーズと
フォアグラと
リンゴソース…
フォアグラ
ぱく
えっ
わわわわ
何これ…
生ハムと
フォアグラが
口の中で
ぶわ〜〜っと
溶けてく……

ねえ これ おいしいよね…
え
ヤバ
ヤバイ
ヤバッ
いつも理路整然と分析しつつしゃべる夫が語彙力消失している!!
ヤバイ3段活用してる
確かに ヤバイ味 だよね！
もぐ もぐ もぐ
ぷは～
オレこれ かなり 好き…
ねえ この店さ 生ハムどうこうが なくてもちゃんと おいしい店じゃない？
オレもそう思う 食材の合わせ方が うますぎる
よーーーし 本腰入れて いろいろ 食べてみよう!!
オー
そして次に きたのは

Mini sartén de huevo, foie, hongos y puré de patata
こちらも人気メニュー
小鍋に入った卵とフォアグラとキノコとポテトピューレ
わー かわいいい!!
この料理は全て混ぜて
パンにつけて食べる
あ
これもヤバッ

生卵 フォアグラ ピューレ とろとろの もの同士を合わせて さらに混ぜるって… 艶っぽい味〜!!
さっきのほどじゃ ないけど確かに これもすごい… バスクは生卵の 使い方がうまいよね
最後まで パンで きっちり 食べきったよ
カラッ
この店では 他にもこんな ものを食べて
Tapa de txipirón
小イカのソテー
さらに さらに
Atún marinado con arroz sushi
ヅケマグロと寿司ごはん
ちゃんと 洋風の味に なってる!

Bacalao con pimientos
バカラオのソテー ピーマン添え
Risotto de Jamón
生ハムリゾット
ヤバーーイ 全部おいしい 魚の火入れも うまい!
しかも このクオリティで 一皿500円~1500円 くらいって コスパもいいよね
結局デザートまで 食べちゃった… そしてデザートまで おいしかった
いい店だった!!
よくぞ予約 してくれた!! ありがとー
オレスペイン で行った店で この店が いちばん 好きだな
そこまで 言う!!
特に最初 の料理
今まで 星つき レストランも 行ったこと あるのに!!
さすがは バスク最大の 都市! 堂々たる おいしさでした
しつこいけど バスクは やっぱり ヤバーーイ!!
だね

バスクのオススメおみやげ

EUSKO LABEL
EUSKO LABEL
バスクの原料を使用して生産された農業食品で高品質のものにはこのラベルがついてるんだって なので食いしん坊はこれを目印にすべし!
エウスコ・ラベル
たとえばこんな商品に…
AGIÑA
ácidas
GURE EZTIA
MIEL DE GIRASOL
SAGARDOA
SIDRA NATURAL
バスクでよく食べるギンディーリャ(青唐辛子の酢漬け)
ハチミツ
シードラ

4.

Valencià

バレンシア州

公用語：スペイン語、バレンシア語

州都・バレンシアはスペイン第三の都市であり、
温暖な気候のビーチリゾートとしても人気。
スペインきっての米どころ！

バレンシア①
いざ、パエリア発祥の地へ!

バレンシア
スペイン3大祭りのひとつである「サン・ホセの火祭り」で知られる街
でも食いしん坊的にはバレンシアといえば…
パエリア発祥の地!!
スペインにいる間に本場のパエリア食べてみたーい!!
うん 行こう バレンシアには見てみたい建築もあるからね!!
仕事が建築関係
というわけで

バレンシア週末家族旅行に出かけてみたら…
えっ なにあれガンダムの頭!?
どん
おっきい!!
てゆーかこの近未来空間なんなの!?
どどん!
オペラハウス 博物館 水族館などの施設が連なる「芸術科学都市」というスポットが!
全部ヨーロッパ最大級規模
すごすぎる
バレンシアにこんな場所があるの全く知らなかった…
オレはこれ見たくて来ました!!
ビルバオがグッゲンハイム美術館で一気に復活したコースを狙ったんだろうけどすごさのわりに知名度低いよね…
子連れにもピッタリ
さて そんな街で…

本場のパエリアを求めて入ったのは「スクレールVLC」というレストラン
Sucrer VLC
ネットで「地元民御用達」って読んで選んだだけど予想外にオシャレ…
バレンシアってそーゆー街？
サイトから予約したよ
いろんなパエリアがあるみたいだね
イカスミ ロブスター カニー…
でもちゃんと「バレンシア風パエリア」があるね
やっぱ我々はこれを頼むべきかな？
ここでまずはパエリアの基本をおさらい
①読み方はいろいろ
「パエリア」は日本語化してるので この本では「パエリア」表記だけど実際スペインでは「パエーリャ」「パエージャ」「パエーヤ」のどれかに近い発音で、人や地方によって変わるよ
私は「パエジャ」って言ってた
スペイン語の「lla」は全部そう。この本ではパエリア以外は「リャ」で統一したよ
Paella

②上にのせる具はシンプルなこともけっこうある
日本で見るパエリアに比べて見た目地味!!って思うかもだけど
これくらいシンプルなのも
本来パエリアは具よりも具のうまみが染みたお米を味わう料理だから
③お米の水分は店や地方によってかなり違う
バルセロナの店はしっとり系多かった気がする
バレンシア風パエリアは水分の少ないドライタイプ
むしろはしっこにある「おこげ」が好まれるほど
ちなみにスペインにはパエリア以外のお米料理もいろいろあるので…
メニューのお米料理の説明はこんな風に書かれていることもあるよ
これはパエリアではないよ
Seco《セコ》
おこげできるほど水分少なめ バレンシア風はこれ多い!!
Meloso《メロソ》
水分少なめ しっとり系
Caldoso《カルドソ》
水分多めの雑炊風 これもおいしい!

④本場バレンシアのパエリアの具は肉がメイン
日本人のイメージだとパエリアといえば魚介だけど
本家本元は肉!! しかもウサギ肉!!
ウサギ肉はスペインではどこでも買えるメジャー食材
というわけでやってきました
Paella valenciana (seco)
定番のバレンシア風パエリア!
2人前で20ユーロくらい
どん!
鶏肉 ウサギ肉
ガラフォン豆
モロッコいんげん
アーティチョーク
カタツムリ入り
オレの苦手なカタツムリが!!
ひぃ!!!
これが本場の洗礼かぁ!!

ねえねえ 2人前なのに むちゃくちゃ 大きくない？
確かに！
あっ 大きいのは お米を薄ーく 広げてるからだ！
すぐ底が見える
そっか こうやって お米を広げて パラパラに 焼きやすく してるんだ！
さーて どんなかな…
お!!
今まで 食べたパエリアと お米が違う!!
ちょっと芯が 残ってて… パスタで言う アルデンテ 状態!!
そしてお米 自体の味が おいしい～
ワイルドだけど 濃すぎない いい味が お米にちゃんと 染みこんでる!!
うん確かに うまい!!
ちなみにウサギ肉は 鶏肉とよく似た クセのない味だよ

カタツムリも全然クセがないしおいしいよ!!
どーしてもカタツムリだけはヤダ!!
サザエとかのがもっとクセあると思う
ホラホラー
見た目がヤダ
ただカタツムリを除けばオレは魚介パエリアより肉パエリアの方が好きだな
こっちのが味が好き
私はどっちでもいいけどお米は断然 水分少な目が好き!!香ばしい!!
食べる場所によっていろんな食感のお米が味わえるしねあとアーティチョークの苦味もうまくきいてるなあ
いやーやっぱ本場に来てよかったねえ
もぐもぐ
しかもバルセロナのお店の半額くらいでリーズナブル!!
…それにしても食べても食べても全然へらない!!
見た目より多いね わはは
ちなみにパエリアの前前菜も食べてる
でもおいしいし食べきろう!
ちなみにこのお店

デザートもおいしかったです
トリハ（スペイン風フレンチトースト）
Torrija
カラメルがパリッ！
大人のフレンチトーストってかんじの味でおいし!!
最後におまけでパエリア注意点
たいていのお店はパエリアは2人前からの注文になるので1人旅のときは1人前OKのお店を事前チェックしてね
たまに1人前OKの店ある
お皿で出る
あと本来はランチでたまに食べるものでオイルも強いから夜に食べ過ぎると胃に負担がかかる人もいるようだよ
毎日パエリア食べてお腹こわした観光客の話聞いたことあるよ
――さあ自分好みのパエリアを探す旅に出かけよう!!

夏のバレンシアのオススメ飲みもの
Horchata
オルチャタ
スーパーフードともいわれるタイガーナッツ（スペインでは「チュファ」）で作られる。
バレンシアが本場なのであちこちにオルチャタスタンドや専門店があるよ
シャーベット状のものもアリ
バルセロナでも人気があってスーパーにパックでも売ってたけど専門店で飲む方が絶対おいしい！
豆乳のような
アーモンドミルクのような

バレンシア②
美食ボデガでバレンシア名物

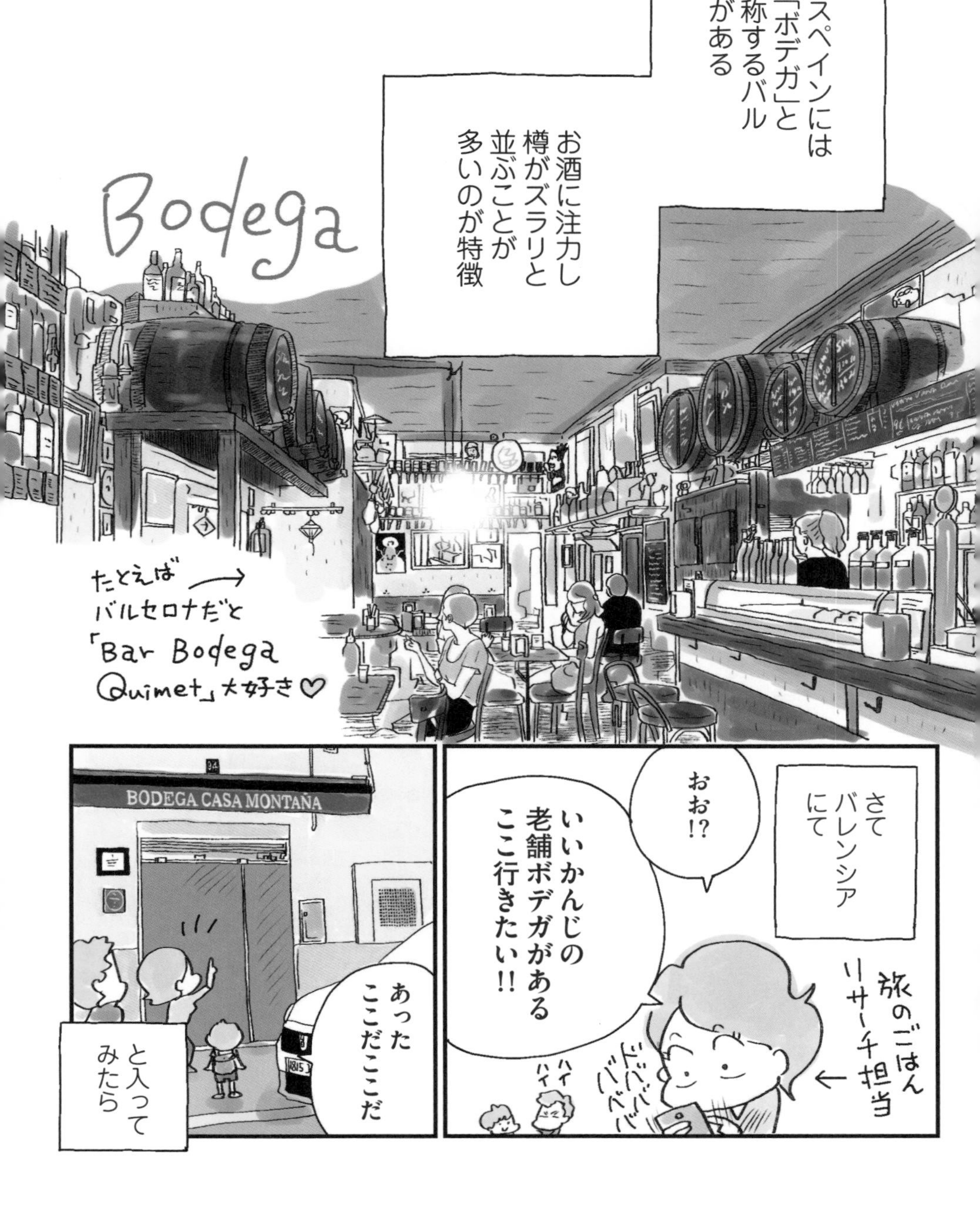
スペインには「ボデガ」と称するバルがある
お酒に注力し樽がズラリと並ぶことが多いのが特徴
Bodega
たとえば→
バルセロナだと「Bar Bodega Quimet」大好き♡
さてバレンシアにて
旅のごはんリサーチ担当←
おお!?
いいかんじの老舗ボデガがあるここ行きたい!!
ハイハイ
BODEGA CASA MONTAÑA
あったここだここだ
と入ってみたら

バルとレストランどちらを利用されますか？
オラ!!
バルです
オラ〜
ではこちらはレストランなのであちらのカウンターをくぐってバルにどうぞ
え!?
くぐるの!?
わけわからないけどこんなの初体験！ちょっとワクワク
こら順番に出て！
と思いつつカウンターの下をくぐると
え
BLANCOS
ROSADOS
MISTELA
MISTELA

すっごいいいかんじ……!!
ドストライクに好み…!!
ここは1863年創業の老舗「カサ・モンターニャ」
バレンシアで最も歴史あるバル
Casa Montaña
あれ？ こっちにも店の入り口が？
しかもこっちのが立派…？
BODEGA
と思ったら実は私たち店の裏入り口から入ってたのでした
普通はレストランに行く人があのカウンターくぐって奥行くのか!!
いやでもいきなりくぐれて楽しかった!!
トイレの時もくぐる仕組み
BODEGA MONTAÑA
さてそんなバルで…
何食べようか
メニューかわいいね
Los Berberechos

おいしかったのは店員さんのオススメ
パタタス・ブラバス
アリオリソース
揚げたジャガイモ
ピリ辛のブラバスソース
Patatas bravas
ポテトが俵型!!
パタタス・ブラバスってスペインタパスのド定番だけど見たことないスタイル!!
よくあるのは上にソースがかかったもの
ポテトがアツアツホクホク!!
大きめサイズだからジャガイモのおいしさがよくわかる!!
もりもり
頼んだら息子にはケチャップ出してくれたよ
シンプルでうまいね
実はこだわりのジャガイモみたい

意外なメニュー
ウナギのスモーク
Anguila ahumada
こんなウナギ料理はじめて見た!!
しかも私のボデガイメージを覆すオシャレ盛り付け!!
実はバレンシアは昔からウナギ漁がさかんな場所
大きい湖がある
しかもおいし〜ピンクペッパーがすごくいいアクセント!焼いてないウナギもおいしいんだねえ…
スモーキーな味なのに息子も食べたよ
手頃なバル価格なのにこの店の料理うまい!!
予想以上のおいしさにエンジンかかり

バレンシア名物でムール貝の一種
クロチナス
小ぶりだけど身が柔らかくて味がなめらか!!
Clótxinas
4月～9月のみ食べられる。たまたまこの時期でラッキー!
そら豆の煮込み
Habas estofadas
うまい!! ここの料理素材の味がストレートに伝わる感じがいいねー
わこれ好き!!
なんだろ肉系のだし? が染みてて… ちょっとスパイシーでもあり…
素朴で深い味!!

雰囲気だけでも来る価値アリなのに料理が外れなくおいしかったね！
常連になりたいくらい好き!!
バレンシアってパエリアだけの街じゃないんだな
いい店だった!!
ちなみにこの店ワインセミナーを開催するほどワインには力を入れているそう
この日は暑くてビールばっか呑んでたーしまったーアホアホー
ドデスカドン
——ところで旅の途中の電車では…
ダダ!
パリラ
ピー
ブラスバンド部の部活帰りみたいな若い子たち
うるせー!!
わはは
でも楽しー!!
ブラボー
スペインって子ども以上に大人がうるさいけどここまですごいのはじめて見たよ
バレンシアは「予想外」だらけの街でした
みんな拍手してたよ

バレンシアの
オススメ
おみやげ
中央市場とその周辺はおみやげを買うのにピッタリ!
バレンシア在住の盆千夏さん(「バレンシア・スペイン留学」サイト運営中)が教えてくれたよ
場外の調理器具店「Las Paellas del Mercado Central」では…
パエリアパン
VALENCIA
パエリアマグネット
バレンシア産オレンジで作るおいしいジャムブランド
「Sabores de Anabel」
コンクールでも入賞。
保存料着色料いっさいナシ!
BRONZE 2017
Sabores de Anabel
MERMELADA
EXTRA ARTESANAL
Naranja Valenciana
100% NATURAL
オレンジマーマレード
Con Pasas al Ron
BRONZE 2018
Sabores de Anabel
MERMELADA
EXTRA ARTESANAL
Naranja Valenciana
100% NATURAL
市場で買える
ラム酒とレーズン入り(!)マーマレード
バレンシアチョコブランド
「UTOPICK」
オシャレパッケージ&個性的な味
UTOPICK
市場すぐ近くのおみやげ店「Original CV」にて
ここはすごくいいおみやげ店らしいよ
私は市場は残念ながら行けなくて…いつか行きたーい!!

5.

Andalucía

アンダルシア州

公用語：スペイン語

灼熱の太陽、フラメンコ、闘牛…など
スペインらしさが詰まった地域。
イスラム文化の影響も濃い地。

セビーリャ
フラメンコ三昧&老舗バル

アンダルシア州の州都であり南スペイン最大の都市
セビーリャ
みなさんすでにお気づきかと思いますが私は本当に食べることが大好き…
ゆえに旅の最優先はいつだっておいしいごはん…
……なのですが！
私が唯一食べ物以外を優先させる旅先がこのアンダルシア!!
ギラ
なぜかといえば…

アンダルシアはフラメンコの本場だから!!
オレ―――!!
パチパチパチパチ
ついにきました アンダルシア篇!! オレオレ バモ――!!
出産前にフラメンコを習っていた私
かな――り はまって
ダンスの本まで出版したさ
いハハ
ダダダダダ
でも出産後
暗黒期突入
育児と仕事だけでも死にそう!!
習いごとなんてムリ!! さらばフラメンコ!!
そしてフラメンコをすっかり忘れた頃に…
スペイン引っ越し!?
君のスペイン縁すごいよね
いざバルセロナへ でも初めての海外暮らしにバタバタ…
でもせっかくのスペイン暮らし!! これはもう神の意志としか思えない!
よ――し 勇気を出して…
ぐっ
ウンドストレッ♪
スペイン人の先生 ダビッド
フラメンコをついに再開! そして

フラメンコを愛する者たちすべてのあこがれ…
そしてスペイン3大祭りのひとつ…
「セビーリャの春祭り」には絶対行かねば!!
私たちもいっしょに行きたーい!!
同じく日本でフラメンコを習っていたカナちゃん＆アキちゃん
そしてやってきました春祭り（フラメンコ祭り）開催中のセビーリャへ!!
会場の門
Feria de Abril
毎年4月〜5月に1週間開催
わ…!!
衣装がんばってバッチリ着たよ
すすすごい…
これヤバイですね…

そこは「カセタ」という
テントが
1000以上並ぶ
ステキマダムだらけ
セビーリャのカセタは関係者しか入れないものがタタいので地元家族主催のツアーに参加したよ
フェリア名物レブヒート
シェリーの炭酸割り
かわいい!! ブラジルから来た夫婦
地元の人々の衣装のオシャレ度力の入りようがもんのすごいーー!!
目の保養
衣装の子どもたちが最高にキュート♡
まさに夢の世界!!
仲良くなった地元のかわいいおじーちゃん
よしっわしが他のカセタ連れていくよ!!
わーー!!!
さらに

フラメンコスポットめぐり!
たとえば愛好家の集まるバルに
Casa Matias
地元客がフラメンコを楽しむ小さーいバル。ここ最高…!!
あのダンディすぎるおじさん元闘牛士なんだって
どーりでかっこいいと!!
タブラオ（フラメンコ劇場）
Los Gallos
いろいろあるけどここは老舗でレベルが高い。要予約
オレーー!!
パパパ
チチチ
さらにディープに
Casa Anselma
夜中だけオープンするフラメンコバル!
この空気感がヤバイ…
客や店主が歌う
グッときますね…
ぜーんぶセビーリャにフラメンコ留学してた友人が教えてくれたよ。ありがとー!

さてそんなセビーリャのフラメンコ系以外の飲食店は…
どーせならセビーリャらしさがあふれる店に行きたいな～
このときはひとり
そこでやってきたのはセビーリャ最古のバル
CERONA
EL RINCONCILLO
おっここだここだ
なんと1670年創業という「エル・リンコンシーリョ」
19時以降は混むらしいから早く来たよ
El Rinconcillo
店内は基本立ち呑み
わ！雰囲気が最高！レトロ＆気取りなしで私好み！
そして店の床には…

ゴチャ
客が落としたナプキンなどのゴミが散乱!
スペインのバルって「床にゴミが多いほど繁盛してる」なんてよく言うけど…
実際はキレイな人気店も多いし特にバルセロナはキレイなバル多いからこれぞスペインって感じだな~
そんなバルでまず飲んだのは**ティント・デ・ベラーノ**
直訳すると「夏の赤」…**赤ワインのソーダ割り**
Tinto de verano
これってアンダルシアで大人気の夏のドリンクなんだよね
サッパリ呑みやすくて…うん アンダルシアやってきた感!!
さーて料理はどうしようかな…
店は地元の人から観光客まで1人客もいっぱい

なんて
思ってたら
店員さんが…
ガッガッ
!!
実はこのバルには
伝票はなくて
カウンターにチョークで
書くシステム
スペインの
昔ながらの
やりかた
らしい
かっこいいし
面白い〜〜〜!!
ここの店員の
じーちゃんたち
超ぶあいそだけど
動きはスピーディ
だわ〜

El Rinconcillo
Casa fundada en 1670
さて おつまみ 一品目は
アンダルシア名物 ほうれん草と ひよこ豆の煮込み
Espinacas con garbanzos
ピリ辛の料理 みたいだけど ここのはそんなに 辛くないんだな
ほうれん草の 苦味がギュッと 凝縮してて体に よさそうな味… ちょっと 佃煮っぽいな
「わ！おいし！」って 感じとは違うけど これ多分ジワジワ クセになる味だなあ
うんうん
さらに 頼んだのは

El Rinconcillo
Casa fundada en 1670
こちらもアンダルシア名物
サルモレホ（冷製トマトスープ）
コルドバ発祥
Salmorejo
わー!!
アンダルシアに来たらこれは食べなきゃね!!
まったり濃厚スープに生ハムとゆで卵アクセントがきいてる！
ゆで卵大好き人間の私にはたまらん～
ちなみにスペインのトマトスープはガスパチョが有名だけどその違いは…
Gazpacho
【ガスパチョ】
トマト以外に玉ねぎやピーマンも入る
Salmorejo
【サルモレホ】
もっとトロッとしてる
ゆで卵と生ハムは必須
でも似てる
どちらもアンダルシア発祥

そんな風に
食べてたら
となりのおじさんが
英語
その料理は
このメニューの
どれ？
そんなきっかけで
しばし
おしゃべりして
旅行ですか？
どちらから？
スイスだよ
近くの宿に
泊まってるんだ
やったー
これもバル
一人呑みの楽しさ!!
スペイン
料理は
好き
ですか？
NO!!
キッパリ
おい笑
スイス料理は
おいしいよー
チーズフォンデュ
はね…
スペインバルで
聞くチーズ
フォンデュ話…
レトロ
立ち呑みバル
のよさを堪能
したのでした
こーゆーのも
バルの
楽しさよね
あはは
Cruzcampo
ところで！ここまで
読むとセビーリャは
フラメンコとレトロ情緒
だけが魅力と思うかもですが

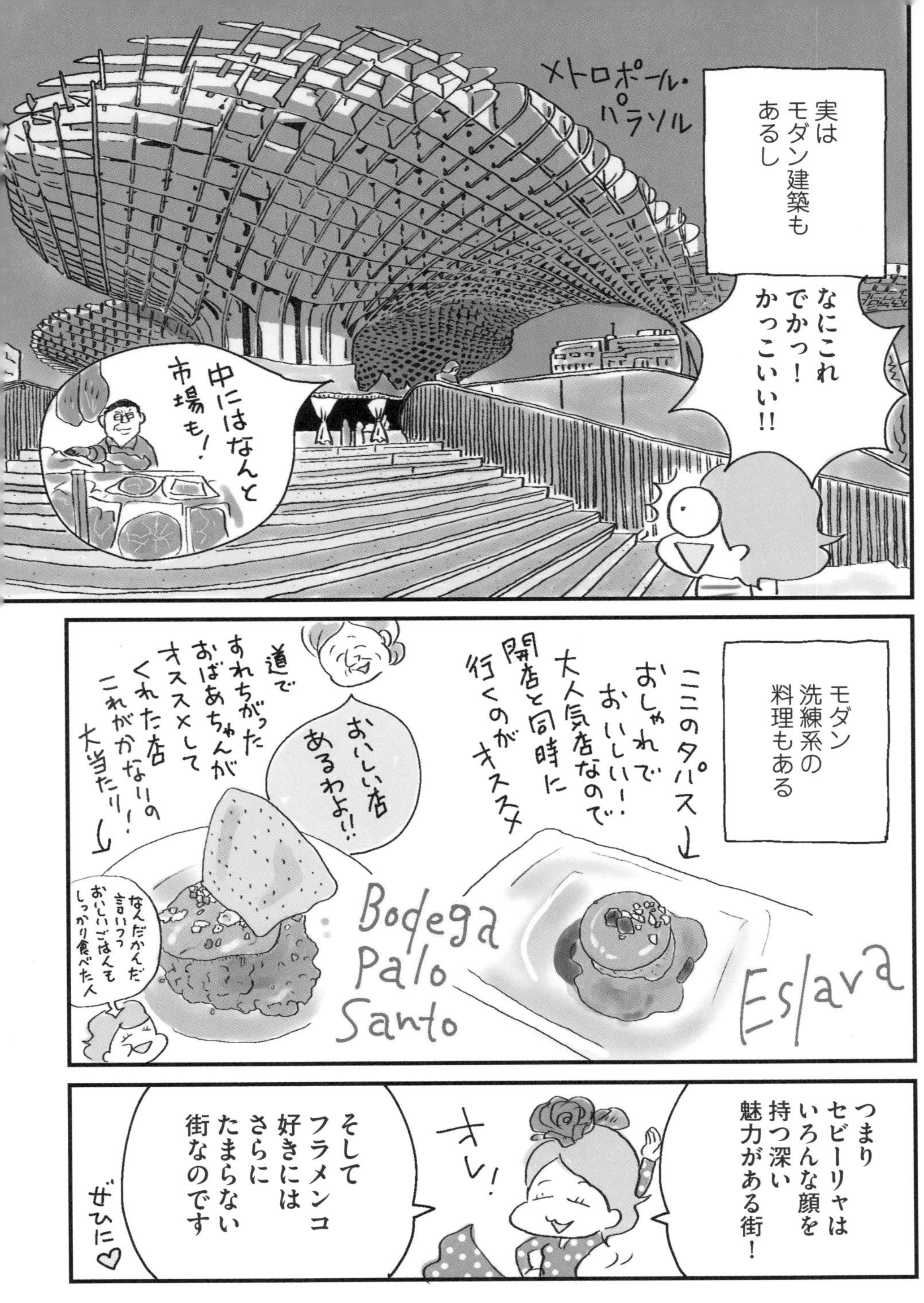

実はモダン建築もあるし
メトロポール・パラソル
なにこれでかっ！かっこいいい!!
中にはなんと市場も！
モダン洗練系の料理もある
ここのタパス↓
おしゃれでおいしい！大人気店なので開店と同時に行くのがオススメ
おいしい店あるわよ!!
道ですれちがったおばあちゃんがオススメしてくれた店これがかなりの大当たり！↓
Eslava
Bodega Palo Santo
なんだかんだ言いつつおいしいごはんもしっかり食べた人
つまりセビーリャはいろんな顔を持つ深い魅力がある街！
オレ！
そしてフラメンコ好きにはさらにたまらない街なのです
ぜひに♡

セビーリャの
広場のゴミ箱に
ふつーに生ハムの
足が捨てられてた
ORGÁNICOS
ESTO
この部分
さすが
生ハム王国
スペイン!!
ぎょっ

ヘレス

シェリーの街のディープ・フラメンコ

スペインの誇る酒精強化白ワインシェリー
Jerez
実はスペインでは「シェリー」と呼ばず「ヘレス」と呼ぶ
TIO PEPE
GONZALEZ BYASS
へ、ヘレス!?なんでそんな名前??
とそのことを知ったときはとても驚いたけど
実はその名前はアンダルシアのある街に由来する
セビーリャから電車で1時間の小さな街――そここそが

シェリーの一大産地 その名も
ヘレス・デ・ラ・フロンテーラ!
わっ 駅を出た瞬間にほのかにシェリーの香りが!!
なにここ 酒呑みの天国!?
道行く家族連れが幸せそうに見える…
地元産業が安定してるせい?
なんでかな? 私この街がすっごい好き!!
大昔 初めてヘレスを訪れたとき そう思ったものの
そのときはシェリー工場見学だけの短い滞在で…
その後 実はヘレスはフラメンコのメッカのひとつだと知る
ヘレスは濃ーいフラメンコがある街だよ! 「踊りのセビーリャ・歌のヘレス」なんて言われることもあるくらいで
え
スペイン通の知人Oさん
知らなかった!! しまった!!
いつかもう一度ヘレスに行ってそのフラメンコを味わいたい…
そう思い続けて10年以上…

※ フラメンコにとって歌はものすご――――く大事

やっとふたたびヘレスに来ることができた
ついに来た〜!!
わー宿にもフラメンコ写真!
ちなみに今回はひとり旅
ブーブー
フラメンコなんてキラーイ!!
実は息子がこんななので…
ひとりで行っておいで!
ありがとー!!
バレンシア旅のあと私だけヘレスに来た
とはいえ今回バタバタで全然下調べできなかったな
宿に置いてあるオススメリストを参考にして行ってみよっと
フラメンコスポットも入ってるし…
そこでまずやってきたのは「メソン・デル・アサドール」というバル
まずはもちろんシェリーを一杯…
おいしっ
Mesón del Asador
REAL TESORO
TIO MATEO

一品目に頼んだのは
アンダルシア名物
フラメンカ・エッグ
わーい フラメンコ好きとしては一度は食べてみたかった料理!!
↑見た目がフラメンコのスカートみたいだからこの名前らしい
Huevos a la flamenca
卵と生ハムとトマトソースと豆をぜんぶ混ぜて…
とろっ
ふむふむ わりと食材からイメージする通りの味ではあるけど…卵好きとしてはこーゆーの好き!!
けっこう塩気しっかり
おいしいかいグアパ!!
→「グアパ」は美人
スペイン人はグアパを軽〜く使うけどここの店の兄さんは特に連発

そして
この店の
人気メニューで
アンダルシア名物
牛テールの
煮込み
Cola de toro
コルドバ発祥の料理
わっ これ
おいし!!
やわらか!!
家庭的とも違う…
洗練とも違う…
「荒々しい男の料理」！
ってかんじの味だなあ
洋酒が
きいてる〜
やっぱり
シェリー?!
それにしてもこの店
すべてのメニューが
安っ!!
セビーリャも
安かったけど
ヘレスはもっと
安い！

※スペインは北より南の方が基本安い

でも実は私が
この店で
何より胸が
踊ったのは…
ティリティ
タン…
フラメンコの
歌を
口ずさんでる…
ティリティ
タン♪
あっちは
パルマ!
(フラメンコの
手拍子)
パパ
パパ
店員さんが
普通に
フラメンコの
リズムを
とってる…
フラメンコ
好きの
店員さんが
多いのかな…?
さて次に
やってきたのは
「タバンコ・
エル・パサヘ」
Tabanco El PASAJE
Tabanco
El Pasaje
ここだ!
無料で
フラメンコを
観れる店
らしいけど…
タバンコ?
店名に
入ってる
タバンコって
何だろ…?

わ…!
カウンターの中にシェリーの樽がズラリ!!
JEREZ VIEJO
AMOROSO
PALO
AMONTILLADO
OLOROSO
実は「タバンコ」は
シェリー酒の販売店とバルを兼ねたお店のこと
ヘレスにはたくさんある
ボトルに入れてくれてしっかり封もしてくれるらしい
MONTADITOS
TOSTAS
店の雰囲気もレトロで最高…!!
SANLUCAR
SENSACIONAL CORRIDA DE TOROS
FERIA
6 Bravos TOROS 6
LIMEÑO
EL CORDOBES
MARISMEÑO
テンション上がる〜!!
そしてここもセビーリャの老舗バルと同じくお会計はチョークでカウンターに直接書く方式!
これ
さーて何注文しようかな…

辛口
スッキリ
ドッシリ
甘口
Fino
【フィノ】
Manzanilla
【マンサニーリャ】
Amontillado
【アモンティリャード】
Oloroso
【オロロソ】
Pedro Ximénez
【ペドロ・ヒメネス】
jerez
シェリーの基本のタイプ分け
大ざっぱには「辛口」「ブレンド」「甘口」の3つに分かれて細かく分けると10のタイプがあるよ
ここに描いたのはその10タイプの一部だよ
さて ボケロン（ヒコイワシ）の酢漬けをつまみにシェリーを呑んでいると…
ジャジャン！
↑これもスペインド定番タパス
あっ！
Boquerones en vinagre
タタン
PAULA
PASAJE
フラメンコが始まった！
呑みつつ観られるのいいなー

なんて思っていたら
え
トトン
目の前で予想外のことが起きた
ドドン
タタンタン
パンパン
コン!
え、え、え、!?
店員さんや地元の常連さんっぽい人たちがなにげなく出している音…
これ全部…

全部フラメンコのリズムにピッタリ合ってる!!
※フラメンコのリズムは「コンパス」という独特のルールがありちゃんと合わせるのは超難しい
……
ぞくっ
すごいすごいすごいすごい！
ここは店全体がフラメンコそのものだ!!
タンタン
SILENCIO
PASAJE
オレー
パチパチ
パチパチ
パチパチ

そして翌日は街でこんな光景も…
ティリティタン
タンタン
宝くじ屋のおっちゃんもフラメンコを歌ってる!!
そっかこの街にとってフラメンコは情熱とか芸術じゃないんだ…
日常に普通にあるもの…血の中に当たり前に流れている音楽…
グッとくるよ…
ずっとフラメンコが好きで本当によかった…!!
私ドヘタクソすぎてずーーっと練習つらかったけど!!
そしてやっぱり…ヘレスが大好き――――!!!
実はスペインの中でいちばん好きかもーー!!
思わずヘレスの中心でヘレスへの愛を叫んだ私なのでした

アンダルシアの オススメ おみやげ

セビーリャに
フラメンコ留学
してた友人
いくえちゃんが
教えてくれたよ

フラメンコグッズ
ショップめぐりも
楽しいけどおみやげ
ならコレ！

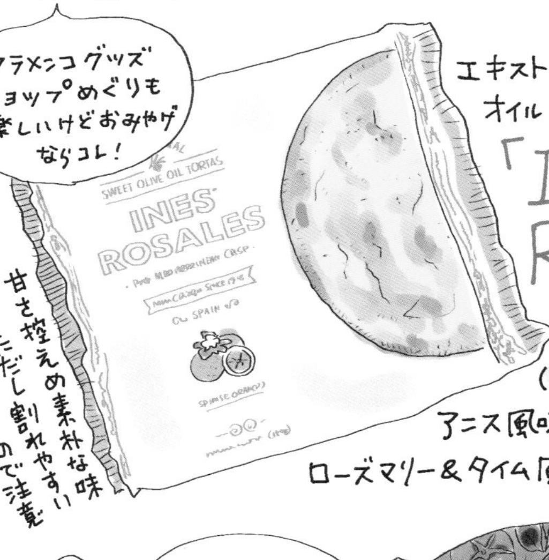

エキストラバージンオリーブ
オイルで作る手作り菓子
「INÉS
ROSALES」
の
オリーブオイルトルタ
（薄焼きビスケット）
アニス風味、オレンジ風味
ローズマリー＆タイム風味などがある

甘さ控えめ素朴な味
ただし割れやすい
ので注意

私は
アンダルシア料理
のレシピ本を
買ったよ

このレシピ本シリーズは
各地にありその地方の
伝統料理がわかるので
集めていたのです。
空港や駅で売ってるよ
写真いっぱい!!

スペイン旅ごはんを楽しむためのネット活用法

実は私の旅には
マンガに登場しない
パートナーがいます
彼は語学堪能で
おいしい店にも詳しい
スペシャリスト…
私はリスペクトもこめて
「先生」と呼んでいます
その名も
グーグル
マップ先生!!
ハイ
そーくると
思ったよ
ハイハイ
だって方向音痴の
私が一人旅まで
できるのはすべて
先生のおかげ!
日本で使うより
欧州で使う方が
もっと便利だから
ぜひ旅で活用
してほしくて!!
確かに
すごい
よね

ホントに私は旅の間は「先生」と呼んでる

先生のココがステキ①
ナビが親切
日本で使うより乗換案内の精度が高くて移動のとき楽なんだよね～
特にバスとの連携
※2020年時点の話
遅延情報もわりと細かく教えてくれるし
他のオプション
6:04 (金) - 6:56 (金)
El Masnou を 6:16 発
04 (金) - 7:10 (金)
El Masnou を 6:16 発
6:04 (金) - 7:11 (金)
El Masnou を 6:16 発
先生のココがステキ②
好みが合う♡
例外もあるけど私が好きな店はわりと好評価なんだよね
なので店を探すときも星はある程度参考にできるのが嬉しい
Cerveseria Vaso de Oro
4.4 (3,370)
ビアホール・€€
営業時間外・営業開始: 正午
概要
メニュー
ここの星評価
とはいえしょせんナビの星は参考程度!
私がいちばん参考にするのは食いしん坊友達からの情報と
信頼できそうな人やサイトからの情報
それらの気になる店を旅の前に先生でチェックして…
カッ
先生のココがステキ③
素人が撮った盛ってない写真をたくさん収集している
この写真のおかげでリアル店舗を店の前で判断するのと同じ感覚で見れる…
ここはおいしそっ
ここはイマイチっぽいな
ギラッ
←真けん
さあ食いしん坊のカンで見極めるべし! 見極めるべし!
おいしい料理はオーラが出てるのだ

先生のココがステキ④
予約がスマート
先生から直接予約することができるし連携したサービスからアクセスすると店のサイトから予約するよりかなり楽！
メニュー
サービスの選択
opentable.es
コレ
シンプルなつくりなので予約しやす!!
ただ さー先生も完璧じゃぁないよねー
私につられて先生と呼ぶ息子
さすが先生と何度も旅した男だね！
そう先生は定休日や営業時間はたまに間違える…
そして何よりの弱点は…
先生の弱点
都会っ子で地方に弱い！
先生――!!
そっちは店じゃなくて海だから――!!
戻ってきて!!
一度サンセバで迷子になり海に入ってしまった先生
なぜ こんなところに!?
なんてことだバルセロナやマドリッドでは迷い知らずな私なのに…!!
ウソ、たま〜にはある

つまりは「庭師風」という料理スタイル

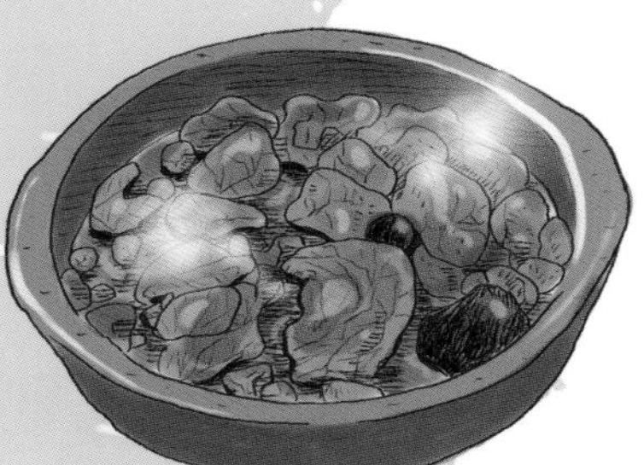

Madrid

マドリッド州

公用語：スペイン語

首都であり州都であるマドリッドはスペイン第一の都市。
プラド美術館など、世界有数規模の美術館も大人気。

6.

マドリッド①

首都はいろいろすごかった

スペインの首都マドリッド
世界有数規模の美術館がいくつもある芸術の都
ピカソ「ゲルニカ」
ベラスケス「ラス・メニーナス」
ゴヤ「裸のマハ」

日本帰国直前そんなマドリッドに週末旅に行くことにした
息子の学校友人家族が引っ越してて今マドリッドってのもあって
わーいロレん!!
スペイン国際結婚ファミリー→
ホテルがいつもよりかなり高いのはなぜ…?
しかも満室多いし

？
レストランの予約も満席ってまた断られたよ
なんてことを疑問に思いつつ出発し…
マドリッドに到着すると…
ユニフォームの人がいっぱい…？
あの巨大トロフィー何？
おっ!!
しまったああ
なるほど どおりで…すっかり忘れてたけど今日はチャンピオンズリーグの決勝の日だった!!
サッカー好きなのにオレとしたことがあああ!!
え 何それ？
私と同じくサッカーに詳しくない人向けに説明すると
この日はサッカーの超〜〜大事な国際試合がある日だったのだ！
ウオオオ…
この週末イギリスから数万人が観戦にきてるの
そっかバルセロナでも試合日はスタジアム近くが混むけどあれのすごいバージョン！

そんなサッカー王国らしい洗礼を受けながら我々が向かったのは…
ところで6月のはじめなのにむちゃくちゃ暑くない？
ひーーー
マドリッドは盆地で風が抜けないから余計暑いんだよね
京都といっしょ
海があって風が抜けるバルセロナとは違うよ
ピカーッ
!!

西ヨーロッパで最も大きい宮殿（部屋数約３０００）
マドリッド王宮
なにこの超ゴージャス空間!!
私たちが住むのはバルセロナ…
実はバルセロナのあるカタルーニャ州はかつてスペインに負けてスペインの一部になった地域なんだけど…
もともとは別の国…だからいまだに独立運動さかん…
こんな財力あったらそりゃカタルーニャ負けるって!!
負けた!! 悔しい!!
君すっかり気持ちはカタルーニャ人寄りなんだね…

さらに私が感動したのは地下の台所
さすがは巨大王宮の台所…
広い!! そして素敵!!
あらゆる調理器具がズラリと…
ぜんぶ大っきい!!
しかも鍋のひとつひとつに年季の入ったいい味が…
マドリッド王宮ってすごいね…ここ楽しすぎ…
ほう…
……
さっきまでのカタルーニャ愛はどこいった?
カタルーニャ人が泣くぞ!!

だってすごいんだもん…食いしん坊は行くべし！

そして次に向かったのは「サン・ミゲル市場」
Mercado de San Miguel
mercado de san miguel
へーガラス張りでオシャレな市場!!
たまに出張でマドリッド来るとこの市場に一杯呑みにきてたよ
ここはいい市場でオレ好き
建築もいいかんじ
へー市場好きとしては楽しみ!!
暑いから早く入ろ〜
サン・ミゲル市場はかなり多くの観光客が訪れるフードコートのような市場
ミニバルみたいなお店がいっぱいある!
¿QUIÉN DECIDE LO QUE
どんな料理があるかといえば…

ガリシア風タコがミニサイズになってる!!
ガリシア温泉&タコめぐり思い出す――!!
こっちはバレンシア風の肉パエリア!!
ちゃんとおこげしっかり
アンダルシアのガスパチョに…
バスク風のピンチョスいろいろ!!
オシャレトッピング!

見たことない
タパスや
オシャレスイーツ
もいっぱい…
あれ？
ひょっとして
ここ…
スペイン中の
おいしいものが
味わえる市場だ!!
もちろん
ピンチョスや
ガスパチョは
バルセロナの市場
にだってあるけど…
でも今まで行った
スペインの市場で
一番バラエティ
豊かな気がする！
さすが
首都の
市場!!
おっ
食いしん坊
スイッチ入ったね！
いくつかの店で
ドリンクと
タパスを買って
これ
買ってー
見た目が
日本のモナカ
みたい…
あたたかい
皮に
中はひんやり
アイス＆
トッピング

私の食べたもの
生ガキ
ピンチョス いろいろ
うんうん おいしっ カキも 新鮮!!
塩気ちょい強いけど
壁ぎわが 全部立食 テーブルってのが またいいねえ
オレもこのつくりは けっこう好き 外から楽しそうな 市場風景が見えるのも 考えられてるよね
くそう 次々と 首都め…!! 悔しい…! でも 楽しい…!!
もぐもぐ
キミ 完全に 首都に 負けてるね
さすがの 首都に うなりつつ…
次回は マドリッド 名物を 食べます!

サン・ミゲル市場近くでオススメのお店はココ
「Mesón del Champiñón」
この肉厚具合はすごい!!
CHAMPIÑÓN
MUSHROOM
CHAMPIGNON
COGUMELOS
マッシユルーム
超有名店
…
看板の日本語などお店もなかなか味わい深い…
チョリソーとにんにく
マッシュルームの鉄板焼き

マドリッド②
肉食文化をとことん味わう

内陸部にある
首都マドリッド
子羊の丸焼き
牛肉の陶板焼き
だからこの街の
イチオシは
海鮮よりも
肉、肉、肉!!
子豚の丸焼き
マドリッドならではの
肉料理を食べたいと
思ってたけど
人気店はどこも
予約満席……
と思ってたら
やっと予約
とれた——!!
イエス!
というわけで
ランチで
訪れたのは
キミ
食に関しては
ホントに
がんばるよね

郷土料理が食べられるレストラン「ラ・クラベ」
La Clave
うわ～なんだかシックで高級感ある店内！
とにかく外が暑いから冷房が嬉しい…
ハー暑かった
フー
さ～てこの店に来たお目当ては…
スペイン肉食文化をフルに楽しめるというマドリッド風コシード（煮込み）！
Cocido madrileño
コシードは各地で食べるけどマドリッドのは有名だよね
おっ つきだしおつまみのサラミおいし！
こういうちょっとした乾きものがおいしい店は当たりが多いんだよね～楽しみ！
そんなふうに期待感が高まったところで始まったマドリッド風コシードは…

副菜を含めたコースのような感じで食べられるのが一般的
この店ではまず最初に**コシードの肉が入ったクリームコロッケ**
実はコロッケもスペインタパスのド定番！いろんなタイプのコロッケがあるよ
スペイン語では「クロケタ」
ミニのカラッとしてておいしい！
コロッケは子どももよく食べるから助かる
こちらはコースの間のおつまみ**ギンディーリャ（青唐辛子の酢漬け）と生の玉ねぎ**
コシード定番おつまみ
日本料理の定食に必ずお漬物がつくような感じなのかな？
コシードが濃厚だからサッパリつまみがつくんじゃないかな
しゃくしゃく

次は
コシードのスープ
コシードはスープだけをまず食べるのが定番
店によっては最初からこのスープで始まる
テーブルでスープよそってくれるのうれしい!
しかもこれがこのまま置かれるのでトータルでかなりの量!!
数々の肉や骨や野菜のうま味が凝縮したスープに短いパスタが入っている
このパスタそーめんみた!!
うわっ このスープ複雑で濃厚で滋味深い味…
うま〜
意外にもよく食べた
そして最後にやってきたのは

煮込んだ具の全てがどーんと!!
放し飼いの鶏肉
ドングリを食べて育ったイベリコ豚の生ハムの骨
子牛の血のソーセージ
にんじん
じゃがいも
「トシーノ」という豚の脂身の塩漬け
たぶん牛肉
骨髄のついた骨
パン,卵,生ハムをこねたもの
ひよこ豆
くたくたキャベツ
うっわすっごい量と種類!!
オレもうスープパスタでおなかいっぱい～
コシードでやりがちな失敗
でたな肉食民族のフルコース…!!

あれ この料理 コロッケからここまで この量で28ユーロ？
店の雰囲気と この量を考えたら オトク感かなり高い メニューじゃない？
もともとは 気どらない 家庭料理 だから？
そしていろんな 肉の部位が楽しめる のはいいなあ～！
ちょっと味つけが 塩気強くて 量食べるのは 大変だけど…
でも肉の味が しっかり染みた ほくほくひよこ豆 おいしっ！
この料理って 「肉食民族の おでん」って 感じだよね
うーん…
…でも正直 この味の濃さは 関西人のオレに とってはキツイ…
「肉食民族の おでん」って すごくピッタリな ネーミング！
わはは
そして出たな！ いつも関西人らしさゼロ のくせに塩気にだけ 関西人!!
そんでもって この料理を 夏に食べる のもキツイ…
あついー
確かにそこは 同感…
これってもともと 冬の料理だし 寒い日にハフハフ 食べて体を温める ような味だよね…
そんなところも おでんだ!!
コシードに いろんな意味で 圧倒されつつ

実はさらにこんな肉料理も食べました
マドリッド風カリョス（牛の内臓などのトマト煮込み）
Callos a la madrileña
イタリアの「トリッパ」とすごく似た料理
このカリョスはマドリッドの郷土料理
わーい
日本のスペインバルでもバルセロナでも食べられるド定番だけど
カリョス大好物だから本場で食べられてうれし――い！
わー このカリョス今まで食べたなかでもダントツの品の良さ!! いい味だなあ
わほっ
肉もソーセージもやわらか～い
う～ん
でもカリョスも暑いときは食べたくない料理だよね
私は好物だからいつでも食べられる!!
この店おいしい!!
そんな感じでかなり満腹になったあと――

最後にお店の人がサービス(もしくはコシードセットのひとつ?)で出してくれたのがこのおやつ
骨の形みたいなグミ!!
わーい グミ!
さすが肉料理が自慢のお店!! 最後まで徹底してる!
わはは
ところで実はこのマドリッド
バスクのサンセバと並ぶはしご酒が楽しい街らしい
マドリッドの食文化を知るには夜の街にも行かねば…
でももう帰りの時間!
むんず
時間が足りない食べ足りない!!
あんだけ食べてまだ言うか?
マドリッドでバルはしごせずに帰るなんて!
もっと知りたい! もっと食べたい!!
さーバルセロナ帰るよ!
てかもーすぐ日本帰るよ!
まだまだスペインごはんが食べたーーい!!
簡単には知りつくせない…そんなさすがのスペイン首都でした

マドリッドの
オススメ
おみやげ

今は
スペインで
ガイドなど
やってまーす！
マドリッド在住
ママ友の
あやこちゃんが
教えてくれたよ
容器は
種類豊富で
品よく
ステキ
実はマドリッドはスミレの産地
「La Violeta」
のスミレキャンディー
独特の香りで
幸運を呼ぶキャンディー
と言われているらしい
かつてのスペイン国王が
愛人へのプレゼントで
何度も利用していたとか…
「猫の舌」という意味のチョコ
Lenguas de gato
確かた
猫の舌!!
スペインでは人気のこの形の
チョコ。マドリッドでは
「La mallorquina」
で購入できる

スペインのデパート＆スーパー

どの街にいても便利！

ぶらぶら見るだけでも楽しいし
おみやげを買うにもピッタリ！
デパートも高すぎないよ

魚売場や肉売場は
まるで市場みたい！
特に魚は
安くて新鮮なので
ここか市場で
買ってました

「MERCADONA」

スペイン最大のスーパーチェーン
メルカドーナ

オススメおみやげ①

Manzanilla

カモミールティー
スペインでは大人気で
安眠効果もある

INFUSIONES
Manzanilla

「Rebajas」
と買いてあるとき
はバーゲン中！
ラッキー！

「El Corte Inglés」

スペインのデパートといえばココ！
エル・コルテ・イングレス

オススメおみやげ②

Higado de Bacalao

Smoked Cod Liver

バカラオの肝の缶づめ。
アンキモ的なお酒のおつまみ。
スペインは缶づめ王国でもあるよ！

オススメおみやげ③

オリーブオイル＆アルコール

日本で買うよりかな〜〜〜り
安いので最高品質の物を買うのもアリ

たとえば王室御用達のオイル
ORO BAILENとか

あとがき

スペインごはんの旅、楽しんでいただけましたでしょうか？

この文章を書いているのは２０２０年６月。新型コロナウイルスの影響により、スペインの飲食店は長いこと休業を余儀なくされ、ようやく再開の道を歩み始めたばかりです。紹介したお店やワイナリーを含む、スペインの飲食業界全てが苦境に立たされてるのではと心配は尽きません。

なので、もしあなたが、この本を読んで「これ食べてみたい！　これ呑んでみたい！」と思ってくれたなら…。

ぜひいつか、スペインを旅してください。

オススメ本＆参考資料
『BASQUE BAR RECIPE BOOK』
植松良枝著
BASQUE BAR RECIPE BOOK
カンタン
バスク
バルレシピ
ブックデザインも ステキ
『心おどるバルセロナへ』
上村香子著
この本のお店当たり率高し！
『カタルーニャ地方の家庭料理』
丸山久美著
La cuina catalana
レシピがすばらしく
地域情報も充実

または、日本のスペイン料理店やバルに足を運んでください（日本にもすばらしい店がたくさんあるのです）。そしてそこで、大いにモリモリ食べて呑んでほしいのです。それが、食いしん坊ができるスペイン食文化の応援だと思うから。この応援は、きっと楽しく、幸せですよ。

深くて多様なスペイン食文化、この本一冊で全ては描ききれませんでしたが、いつかまたスペインごはんを紹介できるといいなと願っています。

最後に、スペインで出会った食や人、この本に登場してくれた家族や友人知人、本づくりと営業販売を助けてくれた方全てに、心からの感謝を。¡Muchas gracias!

ハラユキ

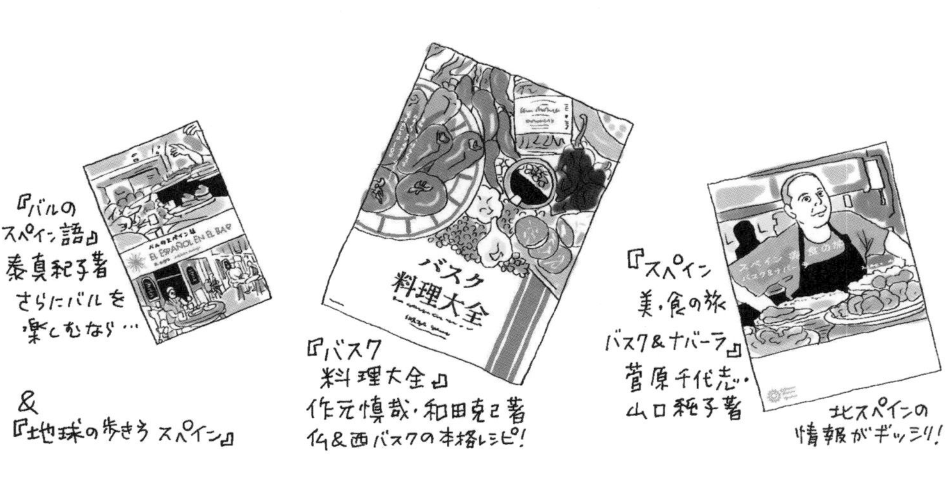
『バルのスペイン語』
湊真紀子著
さらにバルを楽しむなら…
&
『地球の歩き方 スペイン』
EL ESPAÑOL EN EL BAR
バスク料理大全
『バスク料理大全』
作元慎哉・和田克己著
仏&西バスクの本格レシピ!
『スペイン美・食の旅 バスク&ナバーラ』
菅原千代志・山口純子著
北スペインの情報がギッシリ!

¡Hola! ¡Que aproveche!

オラ！スペイン旅《たび》ごはん

2020年8月15日　初版第1刷発行

著者――ハラユキ

発行人――北畠夏影

本文DTP――臼田彩穂

編集――安田薫子

協力――小菅智子

スペイン語校正――最上真里

装丁――川名 潤

発行所――株式会社イースト・プレス

東京都千代田区神田神保町2-4-7

久月神田ビル Tel.03-5213-4700 Fax03-5213-4701

https://www.eastpress.co.jp

ISBN 978-4-7816-1908-8